鮭の種類・特徴と
切り方、焼き方、料理への展開

鮭とごはんの組み立て方

佐藤友美子

はじめに

私は築地で鮭屋を営んでいます。3年前、ある方に時鮭1尾をお買い上げいただきました。

「もし、この鮭がうまかったら、うちで収穫するれんこんを送ってやるぞ」

ひと月後、その約束は実現し、丸々と太ったれんこんが到着。そこで、届いたばかりのれんこんで酢蓮を作り、時鮭とおにぎりをにぎったら、おいしいのなんのって！

それからというもの、春夏秋冬、旬のいろいろな食材と鮭でおにぎりを作り続け、1年後、気づいたら100種を超えていました。

作るたびに、鮭とごはんの底力にハッとしました。

雑穀、豆類、野菜、きのこ、さらに伝統食である乾物、漬物などどんな素材もごはんが受け止め、鮭が大黒柱となり、新たなおにぎりを組み立てることができました。

「鮭とごはんを合わせる」

この組み合わせは先人の偉大な発明であり、シンプルでありながら、合わせ方次第で味わいも大きく異なる奥深い世界です。

また、鮭とごはんにもうひとつ食材をプラスすると、2次元的「組み合わせ」から3次元的広がりをもつ「組み立て」へと変化します。食材の三位一体は相乗効果をもたらし、味わいは無限大に広がります。

鮭とその相棒のごはんによる、組み立ての変幻自在を、どうぞお楽しみください。

佐藤友美子

Contents

4 ▍鮭とごはんの 世界の料理 ……… 147

5 ▍酒と鮭の マリアージュ ……… 157

6 ▍鮭の産地・文化 …… 169

この本の決まりごと

・材料の分量にある鮭の「切り身」は、特に指定のない場合は「80g」です。

・ごはん「茶碗1杯」は「120g」です。大人用のごはん茶碗に軽くよそった1杯分くらいです。

・「ごはん」は基本的に「炊きたての白米」を使っています。

・小さじ1は5㎖、大さじ1は15㎖、1カップは計量カップの200㎖です。

・野菜類は、特に指定のない場合は、「洗う」「皮・薄皮をむく」「へた・種をとる」などの作業をすませてからの手順で説明しています。

・電子レンジの加熱時間は、600Wを使用した場合の目安です。500Wなら1.2倍を目安に時間を調整してください。

・オーブンの加熱時間は電気オーブンを使用したときの目安です。機種や材料の個体差によって焼き時間が異なることがありますので、様子を見ながら調整してください。

＊おにぎりは基本的に三角形に作っていますが、好きな形ににぎってください。

＊おにぎりは写真の都合上、具材の鮭が見えるように作っていますので、写真と作り方の内容が少し異なるものがあります。ごはんと鮭を混ぜ合わせるなど、作り方に合わせてにぎってください。

1

鮭の基本

世界の鮭

奥深き鮭の世界へようこそ！ まずは鮭って何？ サーモンとどう違うの？ というお話から。
実はサケ科の魚は多様で、近年は養殖も進み、結構ややこしいことになっています。

　私たちが日常的に食べている鮭は、種類が豊富で、料理法もバラエティに富んでいます。おにぎりの塩鮭と回転ずしのサーモンが同じ鮭だといわれても、子どもたちにはピンとこないでしょう。また、夏休みに河畔で塩焼きして食べるニジマスは、鮭の仲間ではありますがさほど紅くなく、サイズも鮭に比べれば小ぶりです。では、鮭とは何を指すのでしょうか。

　「学問上のサケ」の分類と「食べる鮭」の分類は大きく異なるので、まず生き物として学問上のサケの分け方をみましょう。サケは、自然界で＜セキツイ動物⇒魚類⇒サケ目⇒サケ科＞に属しています。

サケ科のグループ

1. サケ属
（シロザケ、カラフトマス、ベニザケ、マスノスケ、ギンザケ、サクラマス、ニジマスなど）

　もともとサケは淡水魚でしたが、氷河期に生き残りを賭けて豊富な餌のある海に下った仲間が、降海型に進化したと考えられています。北太平洋地域の川を出生地とする主に降海型のサケがその子孫です。

　北太平洋の南西に位置する日本にとっては、このグループのサケは身近です。シロザケは、我が国の代表的なサケで、サケといえばシロザケのことをいいます。日本を故郷とするアキザケや、日本の沿岸を回遊するトキザケがシロザケです。

　また日本より北の海域にはベニザケがいます。さらにサクラマスやカラフトマスなど、マスの名称がついたタイヘイヨウサケ属もいます。サクラマスは春先に市場に出回るおいしい魚ですが、激減して値も高騰し、今日では高級魚として扱われています。

　かたやカラフトマスは、鮭缶、鮭弁当、鮭フレークなどの原料で、私たちはこのマスも「鮭」として食べています。

2. タイセイヨウサケ属
（ブラウンマス、タイセイヨウサケなど）

　ユーラシア大陸の西部から北米の北東部にかけて分布。野生のサケは激減し、ノルウェーなどでの養殖生産が盛んです。

3. イワナ属
（オショロコマ、アメマス、イワナなど）

　イワナ属は日本では淡水に住み、一部を除き降海せず生涯淡水で過ごします。

4. イトウ属

　イトウ属イトウは日本最大の淡水魚といわれ、最長2mにも成長します。アイヌには、人を飲み込む怪魚としての話が語り伝えられているそうです。

salmon（サーモン）とtrout（トラウト）

　では、サケとマスは何が異なるかというと、そこに明確な線引きはありません。なぜなら、

サケ科のグループ

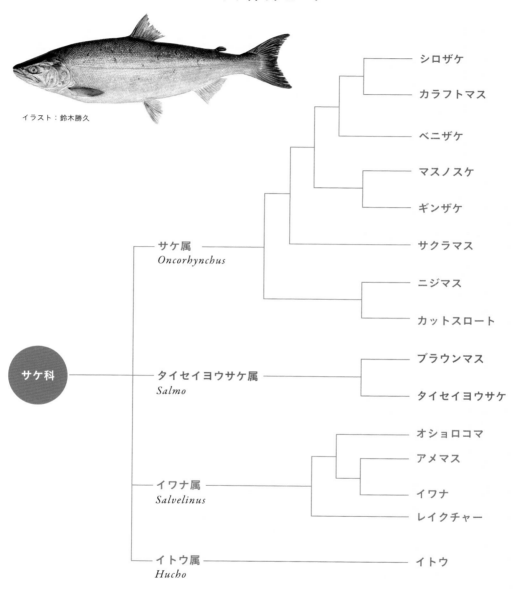

イラスト：鈴木勝久

- シロザケ
- カラフトマス
- ベニザケ
- マスノスケ
- ギンザケ
- サクラマス
- ニジマス
- カットスロート

サケ属
Oncorhynchus

- ブラウンマス
- タイセイヨウサケ

タイセイヨウサケ属
Salmo

サケ科

- オショロコマ
- アメマス
- イワナ
- レイクチャー

イワナ属
Salvelinus

- イトウ

イトウ属
Hucho

上図のサケ科の魚が広義の天然サケの仲間だが、その中のサケ属が一般的なサケ・マスである。サケ科に属する魚は、全223種といわれている。種により生涯に一度産卵して死に至るタイプ、複数年産卵するタイプなど、生活形態もさまざまである。

出典：『サケ・マス魚類のわかる本』（井田齊＋奥山文弥／山と渓谷社）
※最近のDNA解析により、イトウ属はニシイトウ属*Hucho*とイトウ属*Parahucho*の2属に分けられた。

世界の鮭

サケもマスも人が獲り、人が売り買いし、人が食べるうちに名づけられた名称であり、それを後追いで分類しているからです。　英語で直訳すると、サケは salmon（サーモン）、マスは trout（トラウト）です。欧米では川→海→川と移動するものをサーモン、川・湖など淡水で暮らすものをトラウトと呼び分けています。

一方日本でははるか昔から、秋に遡上するサケを秋鮭（アキザケ）と呼び、春（桜の季節）に遡上するマスを桜鱒（サクラマス）と名づけました。サケもマスも川→海→川です。そのほかにも、昔の日本人は、まれに日本の沿岸に迷い込んでくる大きなサケをマスノスケ（鱒の助＝親）と呼びました。この魚は、欧米でいうところのキングサーモン。いったい、サケ？ マス？ どちらでしょうか。

近世になり日本人が蝦夷地・樺太へ進出。初めて遭遇した、サケに似た小ぶりの魚を「見慣れたサケと違う！」ということでカラフトマスと名づけます。

さらに北上した先で出会った、身が真っ赤なサケを紅鱒（ベニマス）と名づけます。これを食べると非常に美味で、高く売れるとにらんだ商人が、高級感のある「紅鮭（ベニザケ）」という名前に格上げしたそうです。

今日、ノルウェーからの輸入でおなじみとなった養殖の「トラウトサーモン」の名の由来は、もっとわかりにくいです。日本語に直訳すれば「鱒（トラウト）鮭（サーモン）」で、サケとマスの掛け合わせと思う人が多いです

が、正解は、メスのドナルドソンニジマス（ニジマスの改良品種）×オスのスチールヘッド（海に降下するニジマス）。日本語でいえば、ニジマスの異種かけ合わせです。

サケは先史から人の胃袋を満たし、その漁獲は各国の経済を支えてきました。故にその都度、主体的に関わってきた人により、サケはさまざまに名づけられたのです。

これからの鮭

天然のサケは今世紀に入ってから長期的に減少しており、その大きな要因は地球の温暖化にあるといわれています。

もともと北の魚であるサケですが、たとえばタイヘイヨウサケのアメリカでの南限は、かつてはカリフォルニア州中部であったのが、現在はオレゴン州北部へと、北上していることがわかっています。

長年、国同士がしのぎを削り、鮭を奪い合い、占有権を主張してきました。ですが今、各国が協調して、自然の恵みであるこの魚を守らなければならない時代に突入しています。

折しも2019年、各国の研究者が集い、国際サーモン年（International Year of the Salmon ; IYS）を設定しました。

研究は進み、これまで謎とされていた回遊ルートや分布についても、解明されつつあります。子どもたちからお年寄りまで、幅広い世代に愛されるサケだからこそ、減少に歯止めがかかることを願わずにはいられません。

サケ・マス類の漁獲量・生産量上位12カ国 （2018年）

漁獲量　養殖生産量

養殖生産量は1980～2010年の30年間に急伸長し、今日に至っている。12カ国のうち、南半球のチリとオーストラリア、中東のイランとトルコ、中国は本来の鮭の生息域である海域から遠く、養殖により生産高を伸ばしている。

出典：FAO 資料：GLOBAL NOTE

7.68%

100%

92.32%

チリ
総生産量
888105トン

ロシア
総生産量
774122トン

0.02%

99.98%

ノルウェー
総生産量
1350965トン

12.69%

87.31%

米国
総生産量
303320トン

0.20%

99.8%

イギリス
総生産量
180388トン

100%

イラン
総生産量
179694トン

16.28%

83.72%

カナダ
総生産量
175258トン

22.5%

77.5%

日本
総生産量
131850トン

0.25%

99.75%

トルコ
総生産量
114779トン

100%

フェロー諸島
総生産量
78900トン

100%

中国
総生産量
71550トン

100%

オーストラリア
総生産量
61412トン

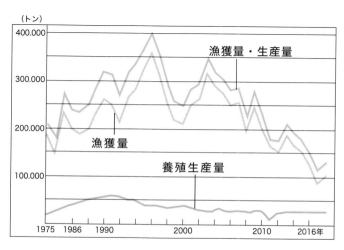

（トン）

400.000

300.000

200.000

100.000

漁獲量・生産量

漁獲量

養殖生産量

1975　1986　1990　　2000　　2010　2016年

日本のサケ・マス類の 漁獲量と養殖生産量の変化

漁獲量・生産量は、漁獲量と養殖生産量の合計量。また記載データは、サケ類・マス類のほか、ヤマメなど淡水系のサケ・マス類、ワカサギ類、アユなどを含む。2019年と2020年は秋鮭が不漁で、サケ類の漁獲高は低迷している。

出典：FAO 資料：GLOBAL NOTE

鮭の一生

鮭は旅する魚です。4年の生涯を北洋で泳ぎ抜き、一直線に故郷の川へ。
私たちが日々食べている鮭の一生は、パワフルで波乱に満ちているのです。

　北海道土産として、昭和40年台に人気を博した木彫りの熊をご存知ですか？　漆黒の熊が跳ねる鮭をくわえ、のっしのっしと歩く姿が印象的で、北海道の大自然への憧憬を掻き立てたものです。川の流れに逆らい力強く遡上する鮭も、ヒグマの鋭い歯牙にかかったらもうお終いです。冬眠を目前に熊たちは狩りに精を出し、次々と鮭の腹を噛みちぎり、皮をはがすようにして食い潰していきます。しかしそのときすでに、水底では新たな鮭の生命が続々と誕生しています。

命の誕生

　日本の川を故郷とする秋鮭は、基本、一夫一婦制です。清流を遡り産卵に適した川底に居を定めると、メスは自ら尾ヒレで砂を掘って産卵床を作ります。オスはライバルと闘い、パートナーを確保しなければなりません。川を遡る頃にはすでにオスの鼻はぐんと伸びて牙が生えてきます。その牙でライバルに喰らいつき追い払った勝者にのみ、子孫を残すチャンスが巡ってくるのです。メスは産卵場が仕上がると、満を持して放卵し、寄り添うオスが精子を放出します。

　ところがメスの獲得に負けたオスも、ただすごすごと引き下がるわけではありません。退くと見せかけ、体表をメスのような黒い縞模様に変え、近くに潜んでカップルの様子をうかがいます。安心した勝者のオスがエクスタシーに到達しようとした瞬間、敗者のオスが割り込んで、いち早く精子を放出する場合

も。まさに、一発逆転ホームランを狙い最後まで勝敗は決まりません。自然界は、闘いの場でもあります。

いざ、大海へ

　1尾のメスの卵数はおよそ3,000個。母鮭は2回、3回と繰り返し産卵し、仕上げに尾ヒレで卵に砂をかけて隠します。この大切な仕事に備えて、メスの尾ヒレは刷毛のように丸く形作られており、オスのような切り込みがありません。親たちは生涯を終えて川に漂い、陸のクマやイタチ、空のカモメやワシ、水中のユスリカやカワゲラなどの食料になり、残骸は土に還って大地を肥やします。

　そしてここからが新世代の話です。地下水が湧き出ている、川中では比較的温かい場所に卵は産み落とされています。2カ月くらい、ゆっくりと卵の中で育っていきますが、卵を狙って早くもキタキツネやカラスが待ち構えています。命がけの産卵行為もあっけなく踏みにじられる弱肉強食の世界ですが、だからこそ産み落とされる卵の数は多く、自然の摂理には驚かされます。早春、卵の表面を突き破り、仔魚（しぎょ）と呼ばれる小さな魚が泳ぎ出てきますが、まだ泳げません。お腹に栄養の素となる卵黄の袋をつけ、その栄養分でしばらくは動かずに過ごし、袋が小さくなるとともに泳ぎ始めます。5cmくらいに成長した頃、春がきます。泳ぎにもなれた若魚は川を下り大海へ。旅立ちのときがきたのです。

秋鮭の一生の流れ

日本の秋鮭の場合、産み落とされてから約1カ月で卵の中に黒い目が現れて動き出し、およそ2カ月で孵化する。孵化までの時間は、1日の平均水温を足して合計480になったとき。つまり、水温8℃なら×60日（2カ月）＝480という計算である。孵化したばかりの魚は仔魚と呼ばれ、その後さらに2カ月を経て、自力で泳いで餌を食べる稚魚となる。

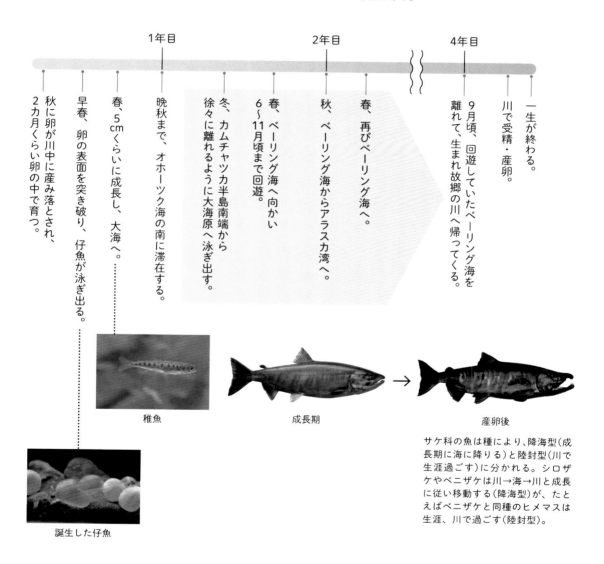

1年目　2年目　4年目

秋に卵が川中に産み落とされ、2カ月くらい卵の中で育つ。

早春、卵の表面を突き破り、仔魚が泳ぎ出る。

春、5cmくらいに成長し、大海へ。

晩秋まで、オホーツク海の南に滞在する。

冬、カムチャッカ半島南端から徐々に離れるように大海原へ泳ぎ出す。

春、ベーリング海へ向かい6〜11月頃まで回遊。

秋、ベーリング海からアラスカ湾へ。

春、再びベーリング海へ。

9月頃、回遊していたベーリング海を離れて、生まれ故郷の川へ帰ってくる。

川で受精・産卵。

一生が終わる。

稚魚

成長期

→

産卵後

誕生した仔魚

サケ科の魚は種により、降海型（成長期に海に降りる）と陸封型（川で生涯過ごす）に分かれる。シロザケやベニザケは川→海→川と成長に従い移動する（降海型）が、たとえばベニザケと同種のヒメマスは生涯、川で過ごす（陸封型）。

写真：標津サーモン科学館、サケのふるさと 千歳水族館

鮭の一生

のびのびとした青春時代

　すべての鮭類が初めての春に海へと下るわけではなく、紅鮭などは1〜3年、川の淡水で育ちます。降海する鮭には、川で生活していた頃には体表に浮き出ていた黒い斑点がありません。体全体が銀色を帯びて、まるでシルバーの衣を身にまとったようです。1〜3カ月海水に体を慣らせば準備万端。同じ川で生をうけた同士が群れとなり、初夏、上昇する水温に押し出されるように北上を始めます。

　日本の秋鮭は、まずオホーツク海の南に晩秋まで滞在します。それはいわば、後の長旅に備えての準備運動のようなもの。餌を上手に獲れるようになり、筋肉をつけると、初めての冬、カムチャツカ半島南端から徐々に離れるように大海原へ。実は、海での最初の1年目に、大半の鮭は死滅するそうです。

　まず、川の淡水から海の塩水へと順応しなければなりません。さらに泳ぎだすことができても、体力が十分に養われていない若鮭は、大きな魚に食べられたり、餌を上手に獲れずに衰弱したり、水温に適応できなかったり。さまざまな理由で力尽き、強く育つわずかな魚だけが、翌春、さらに北のベーリング海へ向かいます。

　北の海では、すでに多くの先輩鮭たちが豊富な餌を追って回遊しています。ロシアやアラスカなど、さまざまな国で生まれたたくさんの鮭たちが同じ海に相まみえるのでしょうか。同郷の先輩に会えるかもしれません。2年魚〜4年魚までがたくましく泳ぎ回る夏のベーリング海は、まるで鮭のハイスクールみたいです。鮭たちは集団行動で外敵から身を守ります。海中ではネズミザメやイルカが襲いかかり、その都度、逃げ切った魚が先を目指します。秋、ベーリング海を抱える腕のようなアリューシャン列島をくぐり抜けて南下し、ベーリング海よりは温かなアラスカ湾へ。その後夏季は北上してベーリング海へ、冬季は南下してアラスカ湾を回遊します。そのルートは、海流、水温、水塊など、どのような条件によるのか、回遊の謎が徐々に解明されつつあります。20世紀後半から、一度捕獲した鮭に標識をつけて放流し、行方を追うモニタリング調査が行われるようになり、1990年代からは遺伝的系郡識別法という、遺伝子パターンによる地域集団の特定が可能となりました。

卒業のとき

　多くの鮭は生まれて4年後の9月頃、回遊していたベーリング海を離れて生まれ故郷へ一直線に帰って行きます。そのメカニズムについても、まだ全貌は明らかになっていません。母川の匂い（アミノ酸）の記憶によることは定説となっています。ですが、卵の段階で別の養魚場へ移植されたり、人工孵化された鮭の稚魚が別の養魚場へ送られて放流されたりするケースも多々あるそうです。その場合、生まれた川よりも、育った川へ帰ることが多いようで、体内の太陽コンパス説、磁

2〜4年の秋鮭の回遊ルート

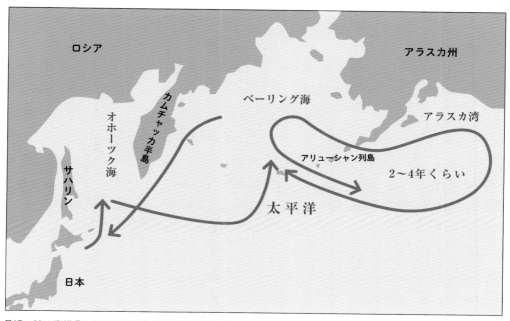

最近、鮭の脊椎骨に刻まれた同位体比履歴を調査することにより、日本の秋鮭がベーリング海での回遊の最後に、餌が豊富な海東部の大陸棚まで遠征し、体を成長させてから帰途につくことがわかってきた。鮭を食べる私たちは、はるか遠くアラスカ沿岸に生きる小さな甲殻類などと食物連鎖でつながっている。

出典／国土交通省

気コンパス説、海流説など、さまざまな説にも説得力があります。私たちも大層酔っ払っていても無事に家へ帰り着くと「帰省本能があるんだねえ」と、あきれられたりしますが、鮭の場合は4年後の初めての帰省にもかかわらずちゃんと帰還するのですから、大したものだとつくづく感心します。

産卵という大役を果たして鮭の生涯は終わります。命を伝えた子の顔も見ずに親の命は尽き、子は卵の殻を破り泳ぎ出た瞬間から親の助けなしに独り立ちします。親魚の献身、幼い仔魚の旅立ち、集団を守る個の犠牲、母川回帰。鮭の生涯は、とかく人間の一生になぞらえて感動的に語られます。その生き様にインスピレーションを得て、多くの物語が生まれました。日本のむかし話やアイヌの民話などにも鮭は度々登場し、私たちに自然に対する畏怖・戒めや感謝の気持ちを思い出させてくれます。鮭は本能に基づき生を全うしているだけなのでしょう。それでも、人はその生涯に心を揺さぶられるのです。

日本で流通している 鮭の種類

天然VS養殖、塩ありVS塩なし、加熱VS生。
近年、鮭製品は多彩な広がりをみせています。

GEISHA SALMON（16oz）昭和 8年 NOZAKI &CO,LTD. YOKOHAMA
アンティークラベル資料提供：（公社）日本缶詰びん詰レトルト食品
協会

切り身の種類

　日本で市販されている天然鮭は、主に秋鮭、紅鮭、時鮭の3種です。秋鮭は日本生まれの鮭で、さっぱりとした味わいが特徴。漁獲期の秋には獲れたての生鮭が出回りますが、ほかの季節は塩鮭で流通しています。脂が少ないので、生食には向きません。紅鮭はロシア、カナダ、アラスカから輸入され、色鮮やかで塩との相性がよいことからほとんどが塩蔵加工（スモークサーモンも含む）されています。時鮭の場合は、回遊の途中に立ち寄る日本の近海で漁獲された若鮭が、脂ののりのよいことから高級天然鮭として販売されています。3種いずれも近年不漁続きで、じりじりと値上がりしています。

　養殖鮭は、多様な輸入・国産サーモンがしのぎを削っています。焼き魚用の養殖銀鮭は南米チリからの輸入が主で、量販店の切り身売り場の中心となっています。生食用の輸入サーモンは北欧ノルウェーが先鞭をつけて日本市場に参入し、回転ずしなどの業務用生食商材を中心に普及しています。国産のサーモンの養殖については、生食需要の増加に呼応するように、今まさに日本各地で開発が進められ、陸上養殖への取り組みも始まっています。脂肪たっぷりに育てられた養殖鮭は、口当たり、食べごたえ、見栄えのよさから人気です。販売業者にとっても価格と数量ともに安定しており、色落ちも遅いため歩留まりがよく、売上高は右肩上がりです。

進化を続ける加工品

　缶詰は鮭加工品の元祖で、日本で最初に販売用の鮭缶が製造されたのは明治10年。その後、鮭缶は外貨獲得の先鋒となり、輸出用の鮭缶ラベルには「GEISHA SALMON」の英字とともに芸者さんのイラストが描かれたものもありました。

　スモークサーモンの先駆者は、王子製紙で木材加工のノウハウを活かして鮭燻に着手し、半世紀にわたり王子サーモンの名で製造を続けています。鮭フレークの歴史もすでに半世紀、新潟の塩干物商、加島屋が「さけ茶漬」を考案したのが昭和30年代で、その後製造各社の試行錯誤は今に至るまで続いています。大人向けの粗ほぐしや減塩タイプ、また中骨をすりつぶして配合したもの、焼き鮭を使用した焼きほぐしなど、新商品は枚挙にいとまがありません。

　最近では個食や時短といった世相を反映し、鮭も「簡単」「便利」をキーワードに商品開発されています。たとえば、開封してそのまま食べられるサラダサーモンや、骨とり処理がなされ、レンジでチンするだけの焼き鮭など。高齢化や共働き世帯の増加、さらにコロナ禍による巣ごもり需要など、時代の変化に呼応して、鮭もまた姿形を変えて食卓へ届けられています。

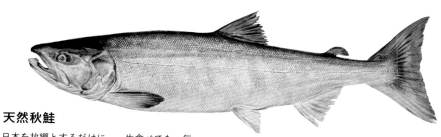

天然秋鮭

日本を故郷とするだけに、一生食べても、毎日食べても、飽きのこない鮭。脂肪分が少ないので、塩が浸透しやすい。日本人にとっては基本の鮭である。

天然紅鮭

鮮やかな身の紅色が食欲をそそる。塩との相性はピカイチで、どんなに塩辛くしても弾力を失わず、旨みを損なわない。

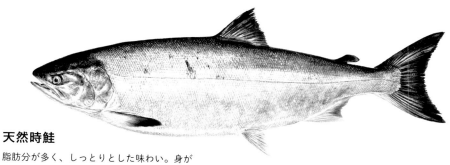

天然時鮭

脂肪分が多く、しっとりとした味わい。身がふっくらしてジューシー。鮭が若く皮が薄いので、皮目に身の色が桜色に透けて美しい。贈答にも喜ばれる。

養殖鮭

アトランティックサーモン：世界の養殖生産量の過半数がノルウェー、1/4がチリで、そのほかイギリスやカナダなどで養殖されている。日本ではすし、刺し身、丼などの生食用が多い。
トラウトサーモン：イラン、トルコ、チリ、ノルウェー、ペルー、中国、ロシアなどで養殖されている。和洋食ともに用途は広い。
銀鮭：世界の養殖生産量の8割近くがチリ産。日本でも戦後、養殖に取り組むも1990年代以降は国内養殖が衰退し、チリからの輸入がメインである。

イラスト：鈴木勝久

秋鮭

Autumn salmon

秋になると必ずふるさとの日本に帰還する鮭。
「秋味」という別名も。

　日本人とともに長い歴史を歩んできた秋鮭。私たちの先祖は秋に帰ってくる鮭を待ちわび、感謝を込めて「秋鮭」と名付けました。

秋鮭のさまざまな帰還ルート

　日本で生まれた秋鮭のほとんどは、生まれた秋〜翌春は故郷の川で過ごし、その後大海へ下って北へ旅立ち、北洋を回遊します。生後4年経った頃、本能の命ずるまま帰郷の旅路へ。オホーツク海を南下し北方四島沖に辿り着いた魚群は、二手に分かれます。北部側の魚たちは、北海道オホーツク沿岸地方を北上し、北端宗谷岬を回り込み、日本海側へ。その後、北海道西部の沿岸を南下して、秋になるころにはそれぞれの母川に帰還。また、

北方4島の南部側から道東沿岸を南下する群れは、道東・道南の母川へと帰着します。
　本州の母川を目指す鮭もいます。この魚群は秋たけなわに北海道オホーツク沿岸を通過する頃は産卵の1〜2カ月前で未成熟なため鼻が丸く、目と目が近いことから「目近(めぢか)」と呼ばれます。魚群はさらに南下して日本海沿岸の青森、秋田、山形、新潟、富山、石川へ、また太平洋沿岸の青森、岩手、宮城へと向かいます。
　「鮭児(けいじ)」の存在も、近年注目されています。普通の秋鮭よりもかなり若い未成熟魚で、体脂肪20〜30％と秋鮭の数倍の脂がのって稀少なので高値がつけられています。
　遺伝的特長を調べた結果、ロシアのアムー

秋鮭の見分け方

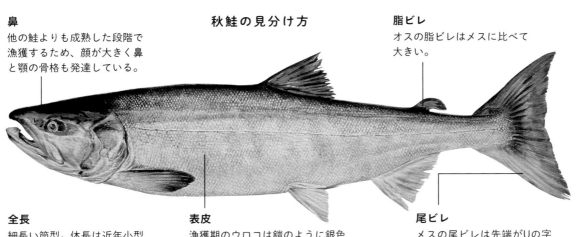

鼻
他の鮭よりも成熟した段階で漁獲するため、顔が大きく鼻と顎の骨格も発達している。

脂ビレ
オスの脂ビレはメスに比べて大きい。

全長
細長い筒型。体長は近年小型化し、平均63.5〜68.5cm。

イラスト：鈴木勝久

表皮
漁獲期のウロコは鎧のように銀色に光って体を覆い尽くしている。ぬめりが強いので、切る前にはやわらかいブラシなどで落とす。

尾ビレ
メスの尾ビレは先端がUの字型で、深い切れ込みがない。ヒレが銀色に光っていると身に脂がのっている。

ル川系の天然魚などが秋鮭の群れに迷い込んだのではないかと推測されますが、なにぶん数が少ないためサンプリングができず、生態は解明されていません。

天皇に献上される魚

縄文時代の化石に人々が鮭類を食した痕跡があり、日本人と鮭は紀元前からの付き合いであることがわかっています。奈良時代には、鱒らしき魚が天皇に献上された記録（風土記）があり、平安時代には朝廷への貢物の品目に鮭が記されています（延喜式）。

延喜式に記された鮭

内子鮭（こごもりざけ）
塩引き鮭に筋子の塩漬けを入れたもの

楚割鮭（そわり）
鮭の身を薄く切って干したもの

鮭子（はららご）
いくら

氷頭（ひず）
鮭の頭の軟骨

背腸（みなわた）
背骨の内側にある血腸の塩辛

その歴史は、今上天皇にも引き継がれています。

近年では2019年の天皇即位に際して、貢物である「庭積の机代物」に、岩手県の新巻き鮭や新潟県の塩引き鮭が供されています。献上した岩手県漁連は、東日本大震災による打撃や台風による被害など度重なる自然災害

を生き抜く漁業者の心意気を両陛下に感じていただけたらと、感慨を語っています。秋鮭は、庶民から天皇まで、さまざまな時代、地域、階層に愛されてきた魚なのです。

藩の財政を支えた村上の鮭

自給自足生活から、食べ物を流通させる暮らしへと移り変わるにつれ、鮭と人の立ち位置が変わってきました。

たとえば新潟の村上では、古来から塩引き鮭を保存食としていました。これを江戸時代に都に運ぶと、旨いと評判になり、地域の名産品として藩の財政を支えるに至りました。

その結果、乱獲で鮭が激減。地元経済に寄与する天然資源だけに、保護の必要性にいち早く気付いた村上藩は、種川をつくり遡上と孵化を保護。種川制とは、鮭の産卵する川瀬に柵を作って保護し、翌春まで禁漁として稚魚を守る仕組みのこと。資源再生政策は成功し、再び地元に豊漁をもたらしたのです。

しかし、そのサイクルを上回る近代化の波が、各地で野生の鮭を追い込んでいきました。

北海道の鮭漁の歴史

北海道における鮭漁の歴史を紐解いてみましょう。永く鮭と共存してきた先住民族アイヌの記録によれば、秋口に川を遡る鮭は水面を埋め尽くすほどで、彼らの冬の主食だったといいます。ところが和人が入植すると、漁が急に大掛かりになります。松前から塩を運び、鮭の塩漬けも始まります。鮭漁が勢い

❚ 秋鮭

漁獲直後の鮭は目が澄み、体が青みがかっている。

を増すと、村上同様、自然のサイクルは狂います。明治20年代をピークとする乱獲により、またたく間に鮭は激減していきました。

そこで人は、漁獲を自粛するのではなく、魚を増やす方法へと転じます。行政主導の人工孵化事業が始まるのです。すでに欧米では、1700年代から鱒の人工孵化が試行錯誤されていました。その方法を学んだ日本人が、明治初期に鮭の人工孵化に着手。北海道では、1878年に千歳川で鮭の卵を採卵し、孵化に成功。翌年には北海道大学に孵化場を作り、試験的に孵化を行いますが、実用化されるまでには10年の期間を要しました。

1888年に完成した千歳川の孵化場で、300万粒の卵を採卵、翌春放流した鮭が戻ってきたのは1892年、すなわち4年後の晩秋のこと。大挙して川を遡ってきた鮭の姿を見た人々は、喜びに沸いたそうです。

それから数年のうちに、人工孵化事業は北海道全土に広がっていきました。一見、成功を収めたかのような人工孵化事業ですが、その後、研究は100年も続き、軌道にのった

のは1970年代。事業がスタートしてから約一世紀の間、北海道への鮭の回帰は毎年500万尾レベルでしたが、1970年代に1000万尾に、1980年代に3000万尾、1990年代に5000万尾に到達。この右肩上がりの成功の要因は、研究者たちの努力と、国家による投資の賜物でした。

折しも時代は第二次世界大戦後。世界の秩序が回復するにつれて、公海における魚の資源保全に北太平洋沿岸諸国が注目するようになります。魚は母川回帰の原則から、より多くの魚が回帰する国の権利が強くなるため、日本の人工孵化事業には大きな期待がかけられたのです。

戦後復興期の日本は、重厚長大産業が最優先され、ダム建設、河岸の造成、工場建設などが猛スピードで進められましたので、反比例するように水質汚染が進んでいきました。しかし、当時の日本人には環境保全に目を向けるゆとりはなく、鮭の自然回帰は断絶し、その後は人工孵化と放流が、資源としての秋鮭を支えています。

減少する近年の鮭漁捕獲高

1980年代から1990年代にかけて、周期的な豊漁と不漁を繰り返すものの、鮭漁は安定した漁獲高を維持します。ところが1996年に日本系鮭の回帰量が8800万尾台を記録したのをピークに、段階的に漁獲高は減少していきます。直近のデータでは、2019年の秋サケ漁獲高が1522万4032尾（12月末）、前

年の約27％減となり、北海道に関しては、近年最小の漁獲高で終漁しました（北海道連合海区漁業調整委員会調べ）。

　現在、国内の鮭の孵化場は北海道におよそ120カ所、本州にも120カ所あります。そのなかには、大規模産業化された孵化事業だけでなく、自然環境も考慮した上での孵化のあり方を模索している人々がいます。高度成長期に孵化場は、悪化していく河川の環境のなかで、いかに回帰率を上げられるかを求められました。2010年代から、温暖化に伴う水温の上昇により、産卵期を迎えた成鮭が故郷の海域に近づけなくなったのではないかと推測されています。また、海水温の上昇に伴い、生まれて1年目の幼い鮭が沿岸で体を慣らす間もなく北上しなければならず、生存率が低下しているのではないかとも。自然環境がかつてないほど変化するなか、高温耐性を持った稚魚や自然交配する野生の鮭を再び保護する動きもみられ、幼い鮭を慈しみ育てる人々の歩みは、今なお続いています。

成熟度合いによる秋鮭

千歳川に遡上したサケの卵を人工授精して孵化した仔魚。

秋に産卵のため生まれた川に戻ってくるアキアジ。

川に遡上し、産卵を終えて体力を消耗しきったホッチャレの状態。
写真：上＝PIXTA、中・下＝サケのふるさと 千歳水族館

産卵間近。紅葉期のブナ葉に似ており、ぶなと呼ぶ。

紅鮭

Red salmon

ロシア、カナダ、北米で生まれ、北洋を回遊して母川に帰る鮭。
川を遡る頃には全身が真っ赤に変貌。

　テレビなどで紅鮭の遡上風景を観ることがあります。川を遡る頃には頭と尻尾はオリーブ色で、身体は真っ赤、オスの顔は険しく背中は隆起して恐ろしい姿になります。その後、産卵の果てに親鮭は死にますが、孵化した幼魚はすぐに降海せず、しばらく降下途中の湖などで成長し、秋鮭より一回り大きく10cm前後になってから大海に旅立ちます。生まれた翌年に降海するものもあれば、湖で2〜3年過ごしてからに川を下る留年組も。成長したオス紅鮭の中には川を降りず一生淡水で過ごす主のような大魚もいるそうです。

　紅鮭の故郷は日本よりさらに北のロシア、カナダ、アメリカなどです。日本に最も近い生息地は択捉島ウルモベツ湖とのこと。私たちの口に入る紅鮭は、大海に泳ぎ出て数年回遊した後、故郷に帰る途中に漁獲されたものです。漁法は定置網または「沖流し」と呼ばれる流し網で、秋鮭ほど大きくなく、体長50〜80cmほど。背側は黒色、腹側は白く、頭が小さく顔つきは勇猛です。遡上距離が秋鮭より長く、その長い距離を泳ぎ切る筋力を蓄えているため、身が締まっており、菱形に近いグラマラスな体型です。

紅鮭と出会う日本人

　そんな遠い国の紅鮭を、私たちの祖先が初めて知ったのは江戸時代(1750年代)のこと

紅鮭の見分け方

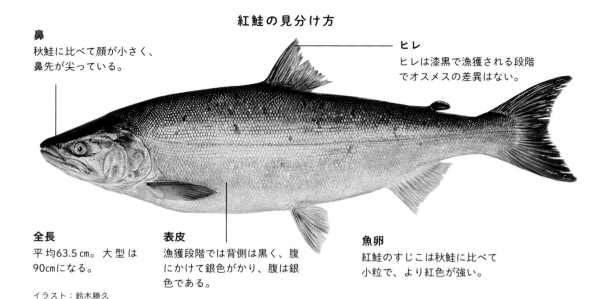

鼻
秋鮭に比べて顔が小さく、鼻先が尖っている。

ヒレ
ヒレは漆黒で漁獲される段階でオスメスの差異はない。

全長
平均63.5cm。大型は90cmになる。

表皮
漁獲段階では背側は黒く、腹にかけて銀色がかり、腹は銀色である。

魚卵
紅鮭のすじこは秋鮭に比べて小粒で、より紅色が強い。

イラスト：鈴木勝久

甲殻類をエラで濾し取って食べる紅鮭は、エラについている櫛のような鰓耙（さいは）が発達している。

イラスト：深津真也

です。荒くれ者が帆船で南千島や南樺太に繰り出し、紅鮭漁を始めたのです。命がけで荒波を越えても獲りたくなるほど、紅鮭は魅力的だったのでしょうか。

やがて明治維新となり、富国強兵、外貨獲得の気運が高まります。その勢いにのって日本は他国の領域へと踏み込むに連れて、戦いに巻き込まれていきます。日露戦争勃発。ほんの少し前まで鎖国して世界を知らずにいた日本人がロシアのような大国に戦いを挑むとは驚きです。勢いにのるとは、こういうことなのかもしれません。

戦いに勝利し、1907年に締結された日露漁業協約で、戦勝国日本はロシア沿岸で操業する権利を獲得。日本の漁船は以前よりもさらに北上し、カムチャツカ半島まで出漁していきます。日魯漁業（現マルハニチロの前身）は、その社名が示すように、ロシア海域での活躍を志し、日露漁業協約が締結される前年の1906年に誕生。新潟・三条の堤清六という若者が、家業の呉服屋をたたんで船を買い、北を目指して出漁したのが始まりです。

間もなくカムチャツカに定置網を設置し、獲った海産物は塩漬けにして、日本に運びました。次いで現地に缶詰工場を建設。創業から10年にも満たない1913年には、あけぼの印を冠した日本初の鮭缶を作りました。

日魯漁業の社歌に、彼らの熱い思いが込められています。

白銀の峰ほのぼのと　曙光に明くる

カムチャツカ

漁り工る長き日を　天つ恵みの海の幸

励むは我ら　我らが日露　励むは我ら

我らが日露

（日露漁業株式会社々歌より　鈴木徳三氏作歌）

紅鮭

築地市場の創成期に活躍した安倍小次郎という人物が、自伝『さかな一代』という本で北洋から運んだ鮭について語っています。安倍氏は1924年、夏に帆前船でカムチャツカから北海道に塩鮭が入ってくるのに目をつけます。暑い時期なので塩をたくさん使い、まるで古いわらじのように平べったくコチコチだったそうです。そこで、安倍氏は冷蔵船を利用すれば、鮭を甘塩に仕立て、運べるのではないかと考えました。早速、オホーツクの漁場に冷蔵船を送り込み、船上で軽めに塩漬けして運び、函館で荷揚げし、東京まで運びます。はじめは買う側も半信半疑でしたが仲卸から旨いと評価を得て、またたく間に辛鮭の3倍以上の値がついたそうです。食に金を惜しまない京・大阪の市場でも高く評価され、やがて全国に販売同盟ができました。こうして日本中に紅鮭が普及していったのです。

太平洋戦争の後に

過去の栄光は太平洋戦争の敗退とともに脆くも崩れ去ります。終戦直後、日本は北洋への出漁を禁じられ、その後5年を経た1950年、ようやく操業が再開されます。もはや戦勝国ソ連近海には立ち入れず、当初は太平洋の中心部に近いアリューシャンで操業をスタート。その後、年ごとの折衝を繰り返し、徐々に操業範囲を広げていきました。

戦後は母船が大型化し、かつては木製だった独航船も鋼鉄製に変わります。魚探・レーダーなどの機器も格段に進歩し、戦前は操業不能といわれた濃霧のアリューシャンでの操業を可能にします。再び日本の船団は勢いにのることに。とはいえ、漁業者にとって厳しい時代となりました。

1976年、ソ連が自国の沿岸200海里を漁場専管水域に指定。それは日本にとって漁獲高の削減を意味しました。生まれた川に戻って子孫を残す鮭は、母川の国に圧倒的な権利があるというのが、戦後の国連海洋法の指針です。公海で操業する日本船であっても、母国ソ連へ帰る魚を根こそぎ獲ってしまうことは認められなくなりました。毎年の交渉につれ、日本の漁獲割当は減り、母川国に徴収される漁業協力費は高騰。広大なソ連の沿岸を縁取るように広がるロシア領海からも、日本船は閉め出されていきました。日本の母船式サケ・マス船団の最後の出漁は1988年です。

1989年には、資源保護の観点からも公海

オスの性徴である背の隆起を「セッパリ」という。

でのサケ・マス漁は禁止され、北洋漁業は日本とロシアの200海里（370.4㎞）内での操業に限定されました。2016年からは、ロシアの排他的経済水域でのサケ・マス流し網漁が禁止され、長年親しまれた「本紅」鮭、つまり日本船が北洋で獲る紅鮭が消滅。現在、紅鮭に関しては輸入に頼っているのが現状です。

紅鮭を育てることは可能なのか

　2020年、ロシア紅鮭は「過去に経験ないほどに不漁」で対日搬入量は2～3割減に。コロナ禍で増加する欧米の缶詰需要に押されてアラスカ紅の対日搬入量も減りました。カナダ紅は不漁年にあたり禁漁のなか、年末に市場で鮭を手配する私自身も日毎に入手が困難になる現実に直面しました。

　漁獲量が減少していくなか、日本人と紅鮭は今後どのように関わり合っていくのでしょうか。北海道東部根室湾では、紅鮭の海面養殖の実証実験が始まっています。2019年時点での養殖紅鮭の生残率は4割超。2021年末をめどに事業性の可否を判断するとのことです。水質や水温に敏感で飼育は難しいとされてきた紅鮭を「獲る」から「育てる」へ、養殖という選択肢を増やすことが可能なのか、答えが待たれるところです。

成熟度合いによる紅鮭

ベニザケの幼魚。体長70㎜までは稚魚。70㎜以上を幼魚という。

成熟しつつあるベニザケのオス。鼻先がやや曲がっており、やがて体が真っ赤な婚姻色になる。

成熟が進み、生殖期に入ったベニザケのオス。頭部からほほの顔面部がくすんだオリーブ色になり、体側が鮮やかな赤色になる。

写真：上と中＝国立研究開発法人水産研究・教育機構、下＝サケのふるさと 千歳水族館

時鮭
Toki salmon

初夏の頃、道東沿岸で漁獲される若鮭。
天然の良質な脂ののりで高級魚の代表格に。

　時鮭は高級な魚というイメージを抱く方も多いのではないでしょうか。高級デパートのグルメフロアや名だたる料亭の一品として姿を見せることが多いのは事実です。ではなぜ、時鮭の評価は高いのでしょうか？

「時知らず」の名前の理由

　じつのところ時鮭は、売り場では「北海道産時鮭」と表示されるものが多く、北海道が生まれ故郷の鮭と思われがちです。しかし実際は、若魚のうちに北海道道東沿岸を回遊し、その後故郷のロシア・アムール川へ帰還します。北海道沖で豊富な餌を食べて十分に脂肪を蓄え、故郷までの長旅に備えるのです。

　道産子にとって、北海道生まれの秋鮭は秋にやって来るものというのが定石です。ところが梅雨の頃、道東沖に来るこの鮭は、あたかも時を間違えて来訪したように思えたのでしょう。「時知らず」略して「時鮭」と呼び習わされるようになったのです。

　なお、学術的には秋鮭同様、シロサケに分類されています。両者はとかく混同されがちですが、秋鮭はさっぱり、時鮭はこってりと、味わいは大きく異なります。

延縄と流し網

　現在、道東における時鮭の漁獲法は延縄、流し網、定置網の3種類です。

時鮭の見分け方

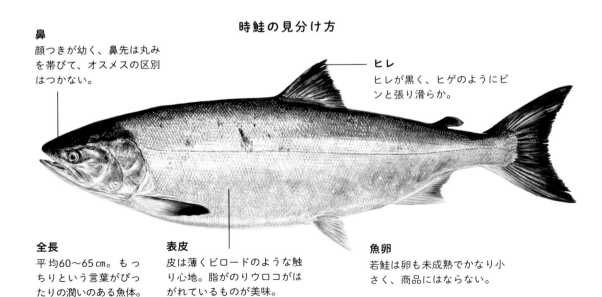

鼻
顔つきが幼く、鼻先は丸みを帯びて、オスメスの区別はつかない。

ヒレ
ヒレが黒く、ヒゲのようにピンと張り滑らか。

全長
平均60〜65cm。もっちりという言葉がぴったりの潤いのある魚体。

表皮
皮は薄くビロードのような触り心地。脂がのりウロコがはがれているものが美味。

魚卵
若鮭は卵も未成熟でかなり小さく、商品にはならない。

イラスト：鈴木勝久

標津沖の定置網漁の様子。写真：標津サーモン科学館

　延縄で獲る鮭は通称「以西釣」、流し網で獲る鮭は通称「以西近海」と呼ばれ、ともに13トン未満の船により日本の200海里以内で、4月から7月中旬に漁獲されます。以西というのは、日本の最東端である東経154度より西を指す言葉で、延縄と流し網はそのエリア内で操業しています。

　延縄は、幹縄から枝のようにのびる枝縄の先に針を付け、海中に垂らして魚がかかるのを待つ漁法です。一本釣りであるため、ウロコがはがれたり魚体が傷つくことがなく、美しい姿のまま水揚げすることができます。

　一方、流し網は大正時代から鮭・鱒漁に用いられており、かつての母船式鮭・鱒漁の船団においても、漁獲の先鋭集団として活躍しました。現在の時鮭漁でも、沿岸の定置網で漁獲された鮭に比べ、より若く、脂ののりがよいと高く評価されています。

旨味を引き出す船上活け締め

　定置網は沿岸に仕掛けられます。沖合での漁獲と異なりすぐに水揚げできるので、鮮度の良さが売りです。

　さらに近年、船上活け締め、つまり獲って

すぐに船上でエラを切り、船底の水槽で泳がせながら血抜きし、より旨味を引き出すことに成功しています。通常、水揚げされた魚は暴れて疲労し、体内に乳酸を溜め、また内出血などでも劣化するものです。活け締めは手間がかかる分旨味が増すため、一旦凍結後にルイベなどの生食に用いられ、北海道の初夏の味覚として人気を得ています。

　北海道にとって、道東の時鮭は地域の誇るべき産品です。一尾一尾手間をかけて船上活け締めし、一尾入れの発泡スチロールに納めて流通させるなど、丁寧な扱いで、ブランド魚としての価値を高めています。

　実際に、臭みのない脂がほどよくのった時鮭を焼き、白飯にのせて食べるのは至福です。生食用の時鮭を凍っているうちに皮と骨をとってから薄切りにし、わさびじょうゆで食べると、マグロを凌ぐ旨さともいえます。

注：北洋トキ、ロシア産トキとして販売されている時鮭は、道東産の時鮭と漁獲地が異なります。

小型でも脂がのって魚体が黒光りしている。

養殖の鮭

戦後の高度成長期に実現した鮭の養殖。
近年は日本各地でご当地サーモンが誕生。

鮭を作り育てるという新しい概念

　1966年、公海生物資源保護条約が発行され、海で自由に魚を獲ることができなくなりました。小さな島国であり領海も限られる日本では、来る魚を根こそぎ獲るのではなく、魚を作り育てるという新たな概念が生まれます。鮭の場合、せっかく作るなら、食べる人が求める理想形、つまり脂がたっぷりのったおいしそうな身色を目指すのは自明の理。やがて、三陸沿岸における銀鮭養殖が実現しました。

　海外でも同様のことが起きていました。ヨーロッパではノルウェーがアトランティックサーモンの養殖事業にいち早く参入。遠い南半球チリでは、日本企業の主導で銀鮭の大規模養殖事業が実現しています。

日本における養殖の転機

　2011年、東日本大震災により三陸沿岸の漁場は多大な被害を被り、鮭養殖も中断を余儀なくされました。数年を経て復興報道が新聞誌面を賑わした頃、日本各地での新たな鮭養殖への取り組みに注目が集まり始めました。「讃岐サーモン」は野生の鮭の生息域ではない香川県でのチャレンジ。山梨県の「富士の介」は、従来当地で盛んであったニジマスの養殖技術を活かし、人気のキングサーモンとの掛け合わせにトライ。2019年に初出荷となりました。

　2019年、青森県の「海峡サーモン」の誕生の地、むつ市大畑町を訪ねました。まず、

ニジマスの淡水養殖に取り組む山口養魚場へ。きれいな湧水に恵まれた山間の養魚施設では、ほぼ薬を使用することなく幼魚を育てており、生簀は一面、わさびやクレソンの葉で覆われています。水の汚れを濾過する目的で植えられたもので、水質と水温の管理をはじめ試行錯誤の数十年が、海峡サーモンの成功を下支えしていることを知りました。幼魚は約2年間、体長30cm、重量500ｇくらいになるまで、淡水で大切に育てられます。その後、淡水から海水に慣らす馴致作業を経て魚たちは海へ。大畑沖2kmに設置した生簀で8カ月間、冬の津軽海峡の荒波に揉まれながら2〜4kgまでに大きく育ちます。

　津軽海峡を見渡す海沿いの北彩漁業生産組合を見学しました。海峡サーモンは、地元の漁業者と青森県産業技術センター内水面研究所の共同制作で、青森系ニジマスと、海水耐水系ドナルドソンニジマスの掛け合わせです。30年前からの取り組みですが、最初は銀鮭養殖で挫折を経験。荒海での育成は難航し、海水温、悪天候、餌のやり方など、失敗の連続を経て完成しました。刺身用のフィレ、塩蔵の切り身、マリネ等の加工食品、スモーク、缶詰と、同組合で最終製品に仕上げ、あえて量産せず目の届く範囲で高品質を保ち直売しています。

　日本各地でサーモン養殖が試みられ、大手の資本投下により大規模な閉鎖型陸上養殖の実験も始まっています。これからも鮭は、人に育てられ、人を支え続けるでしょう。

ご当地サーモン 30選

海外からの養殖サーモンに負けじと国産サーモンが登場してきた。川育ち、海育ち、陸上養殖ありと、まさに百花繚乱。ご当地のすしネタ需要に応えるだけでなく、産直ブームの追い風にのり全国区へ。今後は、他地域との差別化が勝敗のカギとなる。

公表データ参照：2021年2月調べ

北海道根室　ベニザケ養殖実証実験
根室市ベニザケ養殖協議会による試み

北海道大樹「大樹サーモン」
大樹漁協によるサクラマスの海面養殖

北海道函館　キングサーモン試験養殖
2021年度、函館市で研究スタート

青森県深浦「日本海深浦サーモン」
北米原産ニジマス：白神山地の湧水で約1年半、北国の海で約半年育成

山形県「ニジサクラ」
県魚サクラマス×ニジマスの組み合わせ

新潟県魚沼「魚沼美雪ます」
ニジマスのメス×アメマスのオスの交配でもちもちした食感

新潟県佐渡「佐渡荒海サーモン」
ギンザケ：佐渡沖の潮の流れにもまれて育つ鮭

富山県射水「べっ嬪さくらますうらら」
サクラマス：富山湾の海水を使って陸上養殖

石川県羽咋「西海サーモン」
トラウトサーモン：富来漁港内で県漁協西海支所が養殖

福井県福井市、美浜町、小浜市、おおい町「ふくいサーモン」
トラウトサーモン：低水温環境を養殖に活かす

鳥取県境港「境港サーモン」
ギンザケ：破断強度が高く刺身で歯ごたえがある

広島県「広島レモンサーモン」
ドナルドソン系のニジマス：レモン果汁を給餌

鹿児島県霧島「霧島サーモン」
ニジマス：霧島連山から湧き出る自然水により、完全無投薬で養殖

佐賀県唐津「玄海サーモン」
サーモントラウト：品種改良したニジマスを玄界灘で養殖

愛知県渥美「渥美プレミアムラスサーモン」
スチールヘッド（ニジマス）：海水を使い、陸上循環濾過養殖

滋賀県琵琶湖「ビワマス」
サケ科の琵琶湖固有種を増殖。養殖で資源保護

香川県引田、鴨庄、直島「讃岐サーモン」
トラウトサーモン（海面養殖ニジマス）：ハーブ配合飼料でさっぱりとした味わい

香川県坂出「小豆島オリーブサーモン」
サーモントラウト：小豆島産オリーブ油を製造した後の実を粉末状にして再利用した「オリジナル飼料」を使用

青森県むつ「海峡サーモン」
ニジマス（降海型）：冬季、津軽海峡の荒波で育成

青森県十和田「青い森紅（くれない）サーモン」
青森系ニジマスの雌×海水耐水系ドナルドソンニジマスの雄：餌に青森産りんごやにんにくなど

岩手県八幡平「八幡平サーモン」
ニジマス：日本名水百選の金沢清水で3年育成

岩手県大槌「岩手大槌サーモン」
ギンザケとトラウトサーモンの海面養殖

宮城県志津川、雄勝、網地島、戸倉、女川「みやぎサーモン」
ギンザケ：活け締め、神経締めでグレードアップ

福島県白河「阿武隈川メイプルサーモン」
トラウト：カナダ産のニジマスを発眼卵で空輸し育成

東京都奥多摩「奥多摩やまめ」
ヤマメ：2年以上育成して大型化

千葉県安房「江戸前銀鮭」
ギンザケ：勝山漁協による無添加、無投薬のオーガニック生産

山梨県富士川「富士の介」
キングサーモン×ニジマスの交配

静岡県富士宮「紅富士（あかふじ）」
ニジマス：2kg以上、サーモンカラーチャート25以上の鮮やかな身色が特徴

長野県安曇野「信州サーモン」
ニジマスのメス×ブラウントラウトのオスを交配

岐阜県中津川「更紗サーモン」
トラウトサーモンとニジマス：恵那山の名水で育てる淡水魚

鮭の栄養と効能

鮭は栄養バランスの優れた魚。老化を促す活性酸素の除去や、
生活習慣病・認知症の予防、コラーゲンたっぷりで美肌効果にも。

アスタキサンチンは元気の素

真っ赤な身がいかにも体によさそうな鮭。この赤色はアスタキサンチンという色素で、パワーの源です。アスタキサンチンは、疲労や老化を促す活性酸素の除去と、脂肪の燃焼に効果を発揮します。

カニやエビの赤色も同じ色素に由来し、鮭はエビの仲間であるオキアミを食べることから、身が赤く色づきます。

鮭は川を遡り、メスは全力で卵を産み落とし、オスは精子を絞り出します。その後、死を迎えた鮭の身は、赤色が消えて真っ白に変わり果てています。体に蓄えたアスタキサンチンを出し切った末の姿です。

こうした鮭の持つ底力を、我々は食することでお裾分けしてもらうことができます。効用は、命の活性化、若返り。活性酸素が除去されれば悪玉コレステロールが減り、動脈硬化や高血糖の改善が期待できます。さらに脂肪を効率よく燃焼すれば、体脂肪を減らし、眼精疲労やストレスによる免疫力の低下、紫外線による皮膚の酸化損傷などの解消にもつながるそうです。鮭を食べて疲れ知らず、シワやシミのないツルツルお肌になりたいものです。

ちなみに、鮭は身が赤いので一見「赤身の魚」と思われがちですが、学術的には「白身の魚」に区分されます。赤身と白身は、筋肉中の色素タンパク質であるミオグロビンの含有率で区分され、マグロなど赤身の魚はこのミオグロビンが多く、生涯泳ぎ続ける持続力があります。かたやヒラメなど白身の魚はミオグロビンが少なく、通常は海底でじっとしていて、逃げたり餌を獲ったりするときだけ瞬発力を発揮します。鮭は回遊魚ですから、持続力も必要ですが、川を遡るための瞬発力が欠かせません。ミオグロビンは少なくとも、体に蓄えたアスタキサンチンを惜しみなく使い、生涯のラストステージを力いっぱい生き抜くのです。

体によい脂が豊富

鮭の効用はアスタキサンチンだけではありません。特にシロザケには、EPA（エイコサペンタエン酸）やDHA（ドコサヘキサエン酸）といった、魚の脂質に含まれる脂肪酸が豊富です。EPAは血液をサラサラにしてくれるので生活習慣病予防に。DHAは脳の活動を円滑にするため認知症予防にと、それぞれ効果があるといわれています。

近年EPAとDHAを含むオメガ3脂肪酸に

鮭やいくらの紅色こそがパワーのみなもと。

注目が集まっています。脂肪酸は人が生きるうえで必要な脂分ですが、血液をサラサラにするオメガ3脂肪酸と血液を固めるオメガ6脂肪酸を、1対2のバランスで摂取することが望ましいといわれます。オメガ3脂肪酸は鮭をはじめとする回遊魚、魚卵、くるみ、アマニ油などに、オメガ6は肉類やサラダオイルなどに多く含まれます。現代の肉中心の食生活では、オメガ6はおおむね過剰摂取になっているのが現状です。

そこで厚生労働省は、1日1,000mgのオメガ3脂肪酸の摂取を推奨しています。嬉しいことに、鮭は切り身なら100gあたり1590mgと、オメガ3が豊富な魚です。さらにいくらなら100gで4,700mgのオメガ3を摂取できます。

オメガ3は、体の細胞をしなやかにする働きがあります。血液の流れをスムーズにし、心筋梗塞や脳梗塞などの危機を回避してくれるのです。

美肌の素、コラーゲンも豊富

市場で鮭を扱う職人の手はゴツゴツしていますが、肌は荒れていません。毎日、凍った鮭をさばいているのに、つるっとしています。鮭は全身がコラーゲン豊富な皮で覆われていて、扱う人の手をも潤してくれるのです。

シロザケの皮に含まれるコラーゲンは、細胞同士をつなぎ合わせる働きをもつので、火傷の治療に有効です。傷ついた皮膚が再生するまでの間に肌を覆い保護する人工皮膚の素

一生涯、長く細く鮭を食べ続ければ、体によいはず。

材として、実用化が試みられているそうです。

鮭の白子も同様に、人工皮膚の素材に併用することで、皮膚の再生を促すと期待されています。

鮭はまさに捨てるところがない魚。新巻き鮭の鼻から頭にかけての軟骨は、薄切りにして酢漬けし、氷頭なますとして北国の正月膳に並びます。この氷に似た透き通った軟骨にも、コラーゲンのほかコンドロイチンがたっぷり含まれています。コンドロイチンは、私たちの関節の軟骨などにも含まれている成分。老化に伴い減少して痛みを生じるので、膝の痛みなどの改善に役立つ栄養補助食品や機能性食品、さらに医薬品の原料として、研究が進んでいます。

さらに、食中毒の治療、腰痛や神経痛緩和、難聴の改善、角膜の保湿、血栓症抑制などさまざまな効果が期待され、鮭の可能性は広がります。

まずは焼き鮭の皮を残さず食べようではありませんか。肌によいし、なによりこんがり焼けた皮は、なんともおいしいのですから。

鮭に塩をする

はるか昔から、東北や新潟で風習としてあった鮭の塩引き。
交易の広がりとともに、北海道でも塩鮭を作るように。

塩をする文化

アイヌ民族は、鮭を塩漬けにするのではなく、干して保存しました。

元来、アイヌは海洋民族ではなく、内陸に遡上した魚を捕獲していました。遡上する頃の鮭は、身の脂がほどよく抜けており、天日に干すことで長期保存が可能です。さらに冬季は屋内に吊るすことで、炉の煙で燻蒸され、旨味を増したと思われます。

江戸時代には、この干鮭（からざけ）が本州にも運ばれました。カチカチなので鋸で切り、数日、水につけて戻してから煮て、塩、酒、だし、みそ、梅干しなどで味をつけたという記録が、江戸時代の料理書に残っています。

その後、近世後期に和人が北海道に塩を運び、塩漬けによる出荷が始まります。本州では、東北や新潟などで、すでに塩引き（塩漬けにした鮭の塩を抜き、干す）の風習がありましたから、交易の広がりとともに北海道でも塩鮭を製造するようになり、鮭＝塩鮭というほど日本中に普及したのです。

明治生まれの築地の仲卸、石黒正吉氏は、自著本『干もの塩もの』で、「鮭は、塩をふって初めて旨くなる」と綴っています。とはいえ当初、北洋から塩漬けにして運んだ鮭は、しょっぱすぎて閉口したようです。その後、北海道の大手水産会社N社が秋に甘塩の鮭を「新巻鮭（荒巻鮭）」（あらまきさけ）と命名し、売り出したと記しています。N社とは、日魯漁業株式会社（現マルハニチロホールディングス）と思わ

れます。同社によれば、菰（こも）で巻いた鮭を吊るして干したことから、藁巻＝新巻と呼び習わされたとのこと。藁は余分な水分を逃し、通気性がよく、ハエなどから鮭を守り、熟成を促したそうです。やがて鮭は木箱に詰められるようになり、現在では発泡スチロール箱も使用されています。

ぶち鮭の旨味を引き出す塩

石黒氏は塩もののプロ中のプロ。だからこそ知る味もあります。それが「ぶち鮭」（ぶな鮭ともいう）です。

大量流通している鮭には、ランク分けがあります。上位にランクされるのは、通称「銀毛」（ぎんけ）。別名シロとも呼ばれ、まだ海を泳いでいる段階で、全身が白銀色のウロコで覆われています。私たちが食べている鮭は、ほぼこの銀毛です。遡上が近づくにつれ、身には婚姻色が現れ（Aブナ）、やがて白銀の輝きは消え（Bブナ）、さらに黒みを帯び（Cブナ）、産卵後は身も白く変わり果て「ほっちゃれ」と呼ばれます。

石黒氏が思い出に残る味と賞賛したのは、Bブナなのでしょうか。冬のさなかに根室あたりから送られてきて、皮は粘液が吹き出してヌルヌルになり、身の紅色も落ち始めています。ところが、輸送されてくる数日の間によい塩加減になり、「薄桃色の肉片の一片ずつを箸ではがしてゆく感触に忘れ難いおもいが残っている」と綴っています。

ブナの段階に入ると、鮭は日一日と変化し

ていくので、一定の品質で大量流通させることはできず、幻の逸品となるのです。

流通の中心に据えられる鮭

木箱に詰めた塩鮭は業務用の冷凍蔵のなかでも徐々に塩が浸透し、1年経って新物が獲れる頃には、かなり熟成が進みます。秋口の獲れたての鮭にさっと塩をした程度の新物もおいしいし、正月を過ぎて、中塩になった鮭は、ほどよく味がこなれています。夏の暑い頃は、さらに塩のなじんだ辛口鮭でおにぎりなどを作れば、食欲も戻り、生き返る思いです。

1尾の鮭を内臓だけ抜いて腹や頭部に塩を詰め込む昔ながらの塩蔵方法だと、腹側と背側では塩の浸透具合が異なります。それゆえ1切れの鮭を、最初は甘塩の背の部分を味わい、次に中塩に塩がなじんだ中骨まわりの身をごはんにのせて食べ、最後に辛口の腹身をお茶漬けでかきこむ……。味のグラデーションを楽しめるのも、塩鮭ならではなのです。

しかし、世の中は定塩を求める時代に変わってきています。定塩とは、塩分濃度を明確かつ一定にすることで、コンビニ、スーパー、チェーン展開するお弁当屋さんなど、大量流通の世界では、1年を通して、同じ状態の食材を提供しなければなりません。そうした要求に応えるため、いろいろな技術開発が進められています。最新の加工法では半身におろしてから剣山のような細い針で、定塩の塩水を注入するインジェクションという方式をとられています。こうして塩を施された鮭は、真空パックされ、さらに発泡スチロール箱に詰められて、出荷されます。

正反対に昔風の味を再現する試みも盛んです。たとえば山漬けは、塩漬けした鮭を山積みし、その重量でほどよく水分と雑味を抜き、手返しして均等に塩をなじませます。

また、鮭を大量の塩で漬けた段階で樽に詰め、低温で保管し、時間をかけて熟成し、「昔ながらの超辛口鮭」に仕立てる方法も途絶えていません。

塩鮭は、焼き魚やおにぎりの具として、私たちの暮らしとともにあり続けますが、背景にある技術は、これからも変遷し続けます。

皮目に塩を振り、尾側からウロコに逆らうように塩をすり込む。

腹の内側にも塩をふり、手早くまんべんなく塩をすり込む。

首根っこから両エラの内側に荒縄をくぐらせ、口から出す。

口から出した縄で吊るし、腹に割り箸をかまして通気をよくする。

部 位 と 目 的

鮭は捨てるところのない魚。各部位の栄養価は高く、
昔も今も、知恵と工夫で余すことなく使い尽くします。

頭

鮭の頭は、分厚くなめらかな皮に覆われてい
ます。まさにコラーゲンの塊で、ぶつ切りで
鍋のだしに、細切りで昆布巻きの芯に使いま
す。北関東・下野（しもつけ）には、節分の鬼
打ち豆と荒巻鮭の頭を煮込んで作る「シミ（凍
み）ツカレ」という郷土料理があります。
鼻軟骨は、薄くスライスして酢漬けにし、氷
頭膾（ひずなます）というお正月の郷土料理に
使われます。ちなみに鮭の鼻の穴は4つ。よ
く見ると上顎に小さな切れ込みのような穴が
２つ並んでいます。前穴から水を吸い込み、
後穴から出すことで匂いを感知しているので
す。感度は人間よりはるかに優れ、故郷の川
の匂いも嗅ぎ分けることができます。ちなみ
に脳みそはとても小さいです。

カマとハラス

鮭を切り身加工する場合、形のそろわないカ
マやハラスの部分は切り落とされ、別売され
る場合もあります。カマは首の付け根、ハラ
スは腹身で、脂が多く、ともに人気がある部
位です。

内蔵

内臓は、心臓、肝臓、胆嚢、脾臓（ひぞう）、胃腸、
幽門垂（魚特有の消化器官）、腎臓。人間で
いうところの肺はなくて、エラ呼吸していま
す。腎臓は背骨に沿って血の帯のようについ
ていて、血腸とも呼ばれます。これを塩漬に
した「めふん」は、北海道の珍味として知ら
れています。

イラスト：鈴木勝久

骨

鮭の骨は、主に中骨、背骨、腹骨、小骨の4種類です。小骨には背骨から背中の上部に向けて生えている上神経骨と中骨の下部から横に生えている上椎体骨があります。焼き魚の場合、太い骨は食べる前に箸でとれますが、小骨は食べてから気づくことも。中骨の水煮缶詰は、ホロホロと口の中で崩れるほどやわらかく、カルシウムが豊富です。

ヒレ

ヒレは、腹側の上から胸ビレ（左右）、腹ビレ（左右）、尻ビレ、背側の上から背ビレ、脂ビレ、尾ビレの6種類です。新潟では胸ビレは「一のヒレ」と呼び、神棚に供えるそうです。北海道では、鮭のヒレをフグヒレのように干し、炙って熱燗に入れ、香りを楽しむ習慣がみられます。

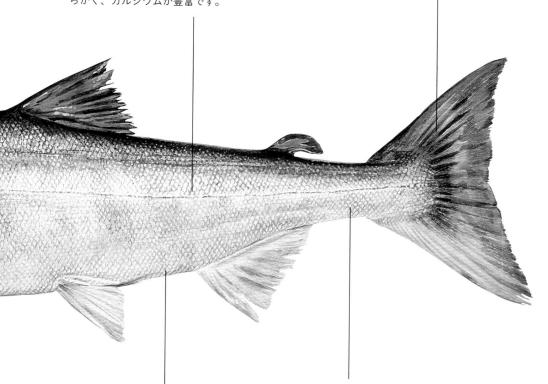

白子と筋子

成魚になると、雄の鮭には精巣（しらこ）が、雌の鮭には卵巣（すじこ）が発達してきます。船上で活け締めした鮭のしらこは、ルイベで食べても臭みを感じないそうです。すじこは産卵が近づくと成熟して卵膜が固くなり「ピンポン」と呼ばれて敬遠されます。

皮とウロコ

鮭のウロコを顕微鏡で見ると、木の年輪のように輪が重なって見えます。冬期は餌をあまり食べないので成長のスピードが落ち、年輪の幅が狭いので、生まれてから何年経つかを見分けることができるのです。ちなみに鮭のウロコはやわらかく、通常、とらずに切り分け、食べてしまいます。ウロコがついたままの皮を、餅焼き網2枚の間に挟んで炙ると、パリッと香ばしく酒の肴にうってつけです。

鮭を 切る

Cut

冷凍されている塩鮭は、完全解凍するより半解凍で切り分けるほうが、身がかたくて扱いやすいです。解凍はできれば冷蔵庫でゆっくりと。急ぎなら常温で、とても急いでいるときは流水に短時間つけて解凍します。

2枚におろす

❶ まな板はできれば鮭の長さと幅に合ったものを。包丁の刃渡りは鮭の胴体の幅よりも長いものがよいが、家庭用の出刃包丁でも構わない。

❷ 鮭の頭を左に、腹側を手前にしてまな板に置く。左手でエラを広げながら、包丁の刃を差し入れ、首の付け根から斜め左に向けて中心部まで切りおろす。

❸ 鮭を裏返して頭を左手前に向ける。**2**と同様に、左手でエラを広げながら、包丁の刃を差し入れ、首の付け根から斜め左に向けて中心部まで切りおろす。

❹ 首を切り落としたところ。まだ、あご下の部分が胴体につながっている。頭はだしをとったり、鼻軟骨を酢の物にしたりできるので捨てない。

❺ あご下の胴体とつながっている部位を切り離すと、頭と胴体が完全に分かれる。のど元に残る三角の部位は切り離し、焼いて食べるとおいしい。

❻ 胴体を90度まわしてカマ部分を手前にし、胸ビレを根元から切り落とす。ヒレが胴体にくっついている場合は、ヒレをつまんで立たせると切りやすい。

7 左手で腹ビレをつまんで手前にひっぱり、ヒレの根元に包丁を差し込んで切り落とす。鮭を裏返して、もう一方の胸ビレと腹ビレも同様に切り落とす。

8 鮭の腹を手前して置く。尻ビレがまな板の手前のヘリに沿うように置くと、包丁を動かしやすい。尻ビレを後ろから前方向へと切り落とす。

9 あぶらビレを切り落とす。あぶらビレは、尾ビレと背ビレの間にある小さなヒレで、尾ビレの動きを制御するといわれている。

10 8と同様に、まな板の手前のヘリに背が沿うように置き、背ビレを後ろから前方向へと切り落とす。

11 鮭を裏返して腹側を手前に置く。包丁の刃先を、腹の切れ目から腹骨に沿うように滑らせ、背骨に刃先が付くように差し入れる。

12 そのまま包丁を後方に滑らせて、尾ビレの付け根まで、刃を差し入れる。左手で鮭の背を固定すると、包丁がぶれずに切れ目を入れることができる。

鮭を切る
Cut

⑬ ここからは鮭を2枚におろす作業。尾を右に、背を手前にして置く。11で入れた腹側の切れ目に沿って、刃を背骨の上に滑らせる。

⑭ カマ側から2枚におろすなら、カマを右に、背を手前に置く。左手で腹肉上部をつかみ、カマ先端の背骨の上に刃を差し入れる。

⑮ 背骨に沿って刃を滑らせ、上身をはがすように切り進む。刃が常に背骨の上を滑るように、骨のかたい感触を感じながら、一気におろす。

⑯ 2枚おろしの完成。上身を身崩れしないようにそっと裏返す。腹に塩が残っている場合は、きれいに取り除く。

⑰ カマの内側に血が固まって残っている場合は、包丁でえぐりとる。鮭の心臓（三角形で、鶏のハツに似ている）が付いている場合も取り除く。

⑱ 背骨に沿って血の塊が残っている場合は、包丁でえぐりとる。刃元（刃のいちばん下部）でこそげとってもよい。多少は残っても問題ない。

3枚におろす

❶ 骨付きの片身を、皮を下に、尾を左にしてまな板に置く。かたく絞った清潔な布巾を魚にのせて左手で押さえ、背骨の下に刃を差し入れる。

❷ 背骨に沿って、骨をはがすような感覚で刃を滑らせる。骨を下にして置き、背骨をまな板に押し付けるように刃を滑らせて骨をとってもよい。

❸ 尾に近い部分は骨が身に埋没しているので、背骨と中骨・腹骨ごと、身に骨が残らないように思い切って刃を骨の下に滑らせて切り進める。

❹ 尾の付け根に包丁が到達したら、刃を下に向けて、身から尾ビレを切り離す。これで身と骨が2枚に分かれ、3枚おろしの完成。

❺ 焼き鮭の場合は、基本2枚おろしのまま、片身は骨付き、片身は骨なしで使う。3枚おろしにするのは、病院食や小児とお年寄りの食事など。食べる人が骨を取り除くのが困難な場合は、3枚おろしにして、小骨などもあらかじめ削ぎ、骨なし魚にして調理する。懐石料理などの一品として焼き漬け調理する場合も、形と味を均一にするために3枚おろしにして骨なしの身を使う。

鮭を切る
Cut

焼き魚用

❶ 半身におろした鮭を、皮を上に、カマを左にしてまな板に置く。カマを切り落とす包丁の角度が重要で、最初の1切れが斜めになるほど、続く切り身の幅は長くなる。

❷ 最初の5〜6切れは、鮭をほぼ均等の厚みにまっすぐ切っていく。最初から斜めに切ってしまうと、尾に近づくにつれて形がとりにくくなる。

❸ 腹ビレの辺りを目安に、その後の5〜6切れは、包丁を徐々に寝かせて、斜めに切り進む。斜めに切ることで、切り身の長さをすべて均一に保つことができる。

❹ 最後の1切れは、手前の切り口に平行に最後尾を切り落とすことで尾に見えないように仕上げる。重量もほかの切り身より多めになってよい。

❺ 切り身にするときは、必ずカマ側から切るので、片側は腹を手前に、もう片側は背を手前に置いて切り進むことになる。切り身の重量は、基本均一にする。半身の重量が1kgの場合、100gの切り身が10切れ分とれる計算だが、両端は切り落とすので、実際には9切れとなる。

刺し身（ルイベ）用

① 生食可能な冷凍サーモンを使用する。背骨のついていない半身をまな板にのせ、最初にカマを切り落とす。

② ハラスを切り落とす。ハラスとは腹の身で、最も脂の乗った部位。マグロでいう大トロの部分になる。

③ 身の中央で半分に切る。腹ビレの手前で包丁を入れる。上部のみルイベにし、下部は切り身で焼いて食べてもよい。

④ ③で切り分けたブロックを、側線に沿ってさらに半分に切り分ける。この段階で冷凍庫に入れて30分ほど凍らせる。

⑤ 冷凍庫で表面がかたく凍ったら取り出し、まな板にのせ、包丁の刃先で皮の端に一直線に筋目を入れる。

⑥ 皮の端をつまんでめくり、そのまま引っ張って一気にむく。皮に身がついてしまう場合は、もう一度凍らせてから再度むく。

⑦ 腹側は腹骨を削ぎ落とし、小骨（上神経骨と上椎体骨）もよく見て骨抜きで抜く。小骨の処理ができたらラップして冷凍庫へ。

⑧ 皿に盛り付ける直前に冷凍庫から出してスライスする。よく研いだ包丁で、角をつぶさずに鋭角に切りそろえる。

鮭を 切る
Cut

お弁当用

1 2枚におろした半身を、皮を上に、カマを左にしてまな板に置き、カマを切り落とす。半解凍のほうが切りやすく、重量もそろえやすい。

2 裏返してハラスを切り落とす。ハラスは脂が強いので、以前は弁当には使わなかった。最近はおにぎりの具などにも好まれるようになってきている。

3 再び裏返し、皮を上にして置く。カマ側から、魚の側線に沿って身を細長く切り分ける。大きめの鮭を使用する場合は、横に2分割してから切る。

4 身を細長いブロック2本に分割する。小さな鮭を利用する場合は、尾に近い5cmくらいの身は分割せず、斜めに数切れ、切りそろえる。

5 細長いブロックをカマ側から均等に切っていく。1片20〜40gくらい。鮭半身が約1kgとすると、25〜50切れに切り分けることができる。

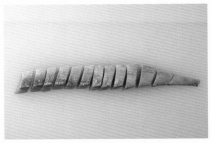

6 重量をそろえると、切り身の丈に応じて幅が多少変わってくる。斜めに切ることで、なるべく幅を変えないようにする。

カマと頭の汁物用

❶ 頭は丸いため、刃物を入れると滑るので注意が必要。かたく絞った布巾を左手元に置いて安定させるか、左手に専用の軍手をはめる。まずはあご下の小肉片を切り落とす。

❷ 口を手前に、頭頂部を下に向け、下あごの間に刃を差し入れる。そのまま包丁を落として半分に割る。鮭の頭の軟骨はやわらかいので、家庭用の出刃包丁でも大丈夫。

❸ 上あごと下あごの間に刃を入れて分割する。エラぶたは結構かたいので、刃の根元をグッと差し入れたら、左手で包丁の峰を叩いて切り分けてもよい。

❹ 上あごは、鼻先、目玉周辺、エラの3分割に、下あごは口先とエラに2分割し、合わせて片側を5等分くらいに切り分ける。頭1個で約4人分のだしに。

❺ カマは大きさに応じて2〜4等分に切り分ける。湾曲部は骨がかたいので、包丁の刃が滑らないように注意する。カマだけでもよいだしが出る。

❻ 背骨は5cmくらいの長さに切り分ける。尾やヒレは使わない。頭、カマ、中骨は熱湯で湯がいて、雑味や余分な塩を落としてから調理する。

鮭を 切 る
Cut

輪切りにする

❶ 頭を落とす（p38参照）。新年に年とり魚として輪切りの鮭を食す場合は、頭、ヒレ、尾を神棚に飾るため、頭は半分に割らないようにする。

❷ ヒレを落とす（p38参照）。新年の祝膳で家長または主賓に胸ビレ付きのカマを出す場合は、胸ビレのみを付けたままにする。

❸ 尾を右、腹を手前にしてまな板に置き、カマ側から輪切りにする。上側の身に刃を入れて背骨まで切り進み、背骨を断ち切ってそのまま刃を下におろす。

❹ 出刃包丁を使えば、自然に切り口は斜めに傾く。輪切りの場合は、むしろあまり斜めになりすぎないように気をつけ、同じ重量になるように切る。

❺ 尾に近づくにつれ、断面の面積が狭くならないように切り口の楕円を保つ。1切れごとに尾を下方向にまわすと、切り口を広めにとることができる。

❻ 輪切りは見た目もダイナミックで、こんがり焼きあげると、さらに迫力を増す。小ぶりの鮭の場合におすすめ。

鮭を 保存する

preserve

家庭で保存して1週間以内に食べるならチルド保存、1カ月を
目安に食べるなら冷凍保存します。時鮭は水分と脂分が多く、
退色が早いので冷凍保存がおすすめです。

❶ 塩漬けの鮭は、塩の浸透圧で余分な水
分を絞っているため、保存に適してい
る。まずラップの中央に切り身を置く。

❹ 塩辛い鮭に仕上げて保存したい場合
は、追い塩をする。均等に塩をふり、
手のひらで切り身の両面を軽く叩いて
なじませ、冷蔵庫で一晩おく。

❷ チルドでも冷凍でも、切り身は切り口
が空気に触れないように密封すること
が重要。ラップの上下を折って、切り
身をぴったりと包み込む。

❺ 4を冷蔵庫から出して、余分な水分が
にじみ出ている場合は、キッチンペー
パーで拭う。その後、ラップでぴった
りと巻いて保存する。

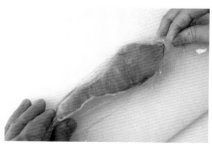

❸ 切り身をラップの上から抑えて左右に
空気を抜き、そのままラップを折り返
して完全に密着させる。チャック付き
ポリ袋に入れて冷蔵庫または冷凍庫へ。

❻ 夏など暑い時季は、ラップをしてから
アルミホイルで巻くか、アルミ皿にの
せて冷凍する。冷凍時間が短縮される
ため、鮮度がより保たれる。

市販の鮭

★ 辛さの目安

鮭は種類により味が異なります。また塩の辛さにより、適した料理があります。
上手に使い分けるために特徴を覚えておきましょう。

★★
新巻鮭中辛
（あらまき）

基本の塩鮭は、日本産（北海道・東北・信越・北陸）の新巻鮭（秋鮭）です。あっさりした口当たりで、脂が強くないので、ほかの食材と合わせやすく、おにぎりやお弁当など、塩分がある程度必要なレシピに重宝します。

適した料理

・おにぎり・お弁当
・石狩鍋・三平汁
・炊き込みごはん

★
時鮭甘口

北海道道東産の時鮭は脂があり、若鮭なのでみずみずしく、高級鮭としてデパートや専門店で販売されています。市販されている天然鮭のなかで最も脂が多いため、ルイベなどにも適しています。繊細な身質だけに色落ちしやすく、保存は冷凍が適しています。

適した料理

・会席料理の焼き物
・バターソテー
・照り焼き・ルイベ

★★
塩引き鮭

秋鮭の産地で伝え続けられる旧来の製法による塩鮭。なかでも新潟・村上の「塩引き」、岩手・三陸の「南部鼻曲り」が有名です。塩漬けの後、塩抜きして干すため、見かけほど塩辛くありません。秋鮭本来のあっさりした口当たりに、熟成による深い味わいが加味され、旨味を増しています。

適した料理

・酒びたし
・アヒージョ（オイル煮）
・お茶漬け

★ ★ ★
紅鮭甘口・中辛

紅鮭は日本に遡上しないので、ロシア・カナダ・アラスカからの輸入品です。筋肉が発達しているため、身質がしなやかで噛みごたえがあります。その名のとおり、紅色の美しさが際立ち、スモークサーモンや押しずしなどとしても高い人気です。

適した料理

・鮭ずし
・スモークサーモン
・クリームパスタ

★ ★ ★　★ ★ ★ ★
紅鮭辛口・超辛口

紅鮭は塩に耐えうる筋力をもっていて、塩が濃くなるほどに噛みごたえが増し、紅色も鮮やかになります。長時間塩に漬けて熟成を促すことにより、旨味を最大限に引き出し、食べた者の脳裏に忘れ得ぬ印象を残すといわれています。

適した料理

・お茶漬け
・お粥
・酒肴

★
養殖鮭

今日、養殖鮭は大量流通の主役となり、そのほとんどがノルウエーやチリからの輸入です。最大の特徴は脂ののりのよさ。生食も普及し、子どもたちに人気の魚として定着しました。国産の養殖鮭については、近年ご当地サーモンの生産が試行錯誤され、今後の普及が期待されます。

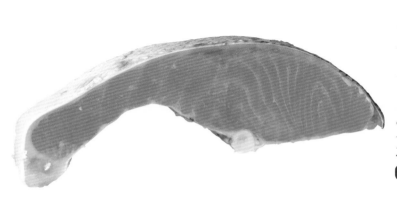

適した料理

・刺し身サーモン・マリネ
・フライ
・ムニエル

鮭を 焼 く
Bake

こんがりした焼き目をつけたいときは、魚グリルかオーブンで。
サラダやフレークなどに使うときには、焼き目がつかないように
電子レンジで加熱します。

魚グリルで

❶ 鮭の下ごしらえをする。酒少々をふりか
け、10分くらいおいてなじませてから
焼くと、しっとりと仕上がる。

❷ 塩抜きしたい場合は、1切れにつき1
カップの水に、酒とみりん各大さじ1
を加え、その中に5分ほどひたしてお
く。1時間以上はひたさないように。

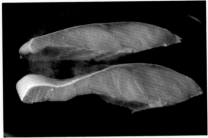

❸ グリルの焼き網に切り身を配置すると
き、バーナーの真下は火力が強いの
で、焦げやすい皮部分は、ずらしての
せる。

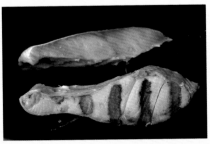

❹ 火力は中火〜強火にし、弱火では焼か
ない。カマなど身の厚い部分を焼くと
きは、網の高さを低くするなどの調整
をする。

❺ 両面焼きなら表面を上にして5分、片
面焼きなら先に表面を3分焼き、返し
て裏面を3分焼く。切り身の厚さに合
わせて微調整する。

❻ 火を止めたらグリルから出さずに3分
くらいおく。その間に、予熱で中まで
火が通り、焼きすぎずに仕上がる。

オーブントースターで	電子レンジで

① 鮭の下ごしらえは、左ページの1を参照。オーブントースターの網（皿）の上にアルムホイルを敷いて、切り身を置く。

① 日本酒をふってなじませておく。耐熱皿に切り身を置き、ふんわりとラップをかける。基本、1切れで2〜3分加熱し、一度開けて焼き加減を確認する。

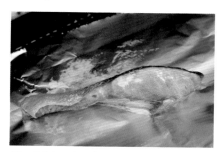

② 3分たったら様子を見て、皮目に少し焦げ目がついてきたら、アルミホイルを上に被せて、焦がさないように焼く。止めて2分は取り出さずに、予熱で火を通す。

② 中心まで火が通っていないなら、再びラップを掛け直して30秒ずつ追加熱する。焼き魚を再加熱する場合は、ラップをかけず、加熱は1分以内でよい。

鮭を フレークする
Flake

びん詰めで売られている鮭フレークですが、焼いたり蒸したりした鮭をほぐすだけで、簡単に作れます。ここでは塩鮭を使用していますが、好みの鮭で作ってみましょう。

焼きほぐし

材料(100g分)
塩鮭の切り身 …… 2切れ

❶ 基本のフレークは中塩鮭で作るが、甘塩に塩をふってなじませてから焼いてもよい。2切れを魚グリルで焼く(p50参照)。

❷ 焼き上がりを皿に移し、粗熱がとれたら、箸で皮と骨をとる。完全に冷まさないほうがほぐれやすく、骨もとりやすい。

❸ 鮭を箸で大まかにほぐす。最初に割るようにザクッザクッと分割し、目についた骨をとりながら、だんだん小さく割りほぐしていく。

❹ 手袋をはめて、残っている骨をとる。粗ほぐしの場合はこれでOK。手でさらにもむように崩して、フレーク状にする。

❺ 細かくほぐす場合は、チャック付きポリ袋に入れてチャックを閉め、めん棒を軽く転がす。そぼろ状になるまで丁寧に。

❻ きれいに洗って乾かしたびんに詰めて、冷蔵庫で保管する。直箸をせず、取り分けて食べること。保存期間は1週間くらいが目安。

蒸しほぐし

材料(100g分)
塩鮭の切り身 …… 2切れ

① 通常は中辛塩の鮭を使用するが、離乳食や介護食の場合は甘塩で。クッキングシートの中央に切り身を置き、クッキングシートの上下をふんわりと折りたたむ。

② クッキングシートの両端も開かないように折りたたむ。割り箸を割って皿の上に平行に並べ、その上に鮭の包みをのせる。

③ 沸騰した蒸し器に**2**を皿ごと入れ、きっちりフタをして、強火で5分くらい加熱する。電子レンジの場合は、p51を参照。

④ シートを開いて、まだ中央部が生ならば、包み直して加熱する。ほぼ火が通っているなら、フタをしたまま火を止めて予熱で蒸らす。

⑤ 皿に移し、粗熱をとってから皮と骨をとり、箸でほぐす。蒸しほぐしの場合は水分が多いので、あまり細かくほぐさないほうがおいしい。

⑥ 冷凍保存する場合は、1回分ずつ平たくラップに包み、チャック付きポリ袋にまとめて入れる。保存期間は1カ月以内が目安。

鮭を スモークする
Smoke

材料
塩鮭の切り身 …… 2切れ
好みのスパイスやハーブ …… 適量
砂糖（スモーク用）…… 3g

切り身を少し厚くしたほうが、仕上がりがかたくなりません。鍋の中の網がチップにつかないようにセッティングしましょう。

❶ 皿にのせた鮭に、好みでスパイスやハーブをまんべんなくふりかける。ラップをし、冷蔵庫へ入れ、半日くらいおいてなじませる。

❷ 底が平らな鍋に、スモーク用のチップを平たく敷き詰め、砂糖を加えて軽く混ぜ合わせ、焼き網を置く。砂糖で煙の粘着度が増し、味や香りがまろやかになる。

❸ フタをして火をつけ、煙が上がるまでは強火のままで、煙が出てきたら中火にする。フタがない場合は、アルミホイルで代用する。

❹ フタを取り、鮭を網の上にのせる。フタをして、中火のまま加熱する。通常は4分くらいだが、厚い切り身の場合はす6分くらいを目安に。

❺ 途中でフタをずらして、煙が立っているかを確認する。煙が立たない場合は少し火を強める。火が強すぎると、焼きすぎてパサパサになるので注意。

❻ 8割程度火が通った段階で、火を止める。フタを開けずに、そのまま1時間くらいおいて、予熱で火を通してスモークする。

鮭を すりつぶす

Grind

材料
甘塩鮭の刺し身用ブロック …… 200g
卵白 …… 1個分
生クリーム …… 100㎖
牛乳 …… 適量
白こしょう …… 少々

和風ならしんじょ、欧風ならテリーヌと、高級料理に珍重される
鮭のすり身。今日ではすりつぶしてから再び焼き鮭の形に成形す
るなど、介護食としての利用法にも注目が集まっています。

① 刺し身用ブロックをまな板にのせ、ラップをはずす。切り身を使う場合は、骨と皮を取り除いておく。

② 一口大に切る。フードプロセッサーに入れるので、大きさは正確でなくてよい。

③ フードプロセッサーに**2**、卵白、生クリーム、白こしょうを順に数回に分けて加え、撹拌する。

④ 水分量が足りない場合は、少しずつ牛乳を加え、なめらかになるまで撹拌する。

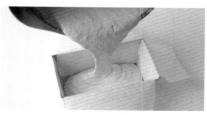

⑤ クッキングシートを敷いた型に、4を流し入れる。流し入れたら、型ごとトントンと作業台に打ち付けてならす。

⑥ 型の上部をアルミホイルで覆い、沸騰した蒸し器に入れ、中火で15分くらい蒸す。

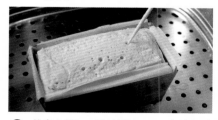

⑦ 竹串を刺して具材が付いてこなければできあがり。オーブンレンジを使用する場合は、天板に水を張り、180℃で15分蒸す。

⑧ 粗熱がとれたら、1cmくらいの厚さに切る。

鮭を 酒粕に漬ける

Marinate

材料
塩鮭の切り身 …… 2切分
酒粕 …… 100g
酒 …… 1/2カップ
みりん …… 小さじ2
西京みそ …… 10g

正月用には、紅鮭など色鮮やかなものを選びましょう。塩辛い鮭のしょっぱさを緩和したい場合は、酒粕に漬けるとまろやかになります。

❶ 酒粕は日本酒を加えて30分くらいおき、なじんだら練り合わせる。日本酒の量は、酒粕のかたさによって調整する。

❹ 切り身の断面に**2**をコーティングするようにまんべんなく塗る。

❷ みりんとみそを加える。みそは、塩辛い鮭の場合は加えず、みりんの量を増やす。なめらかになるまでよく混ぜ、すくってトロッと落ちる程度のかたさにする。

❺ **3**に**4**の切り身を入れ、残りの酒粕を上からかぶせ、冷蔵庫で1週間くらい寝かせて味を浸透させる。

❸ プラスチック製密閉容器に、**2**を1/3量敷き詰める。

❻ 焼くときは粕を拭い、フライパンで焼く。魚グリルを使うと焦げやすいので注意が必要。

鮭を オイルで煮る
Boil

材料
塩鮭の切り身 …… 2切れ
オリーブ油 …… 1カップ
にんにく（スライス）…… 適量
ローズマリー（生）…… 適量
粒こしょう …… 適量

オイル漬けする塩鮭は、好みの種類でよいが、あまり脂の多くない秋鮭や塩引きが向いている。少し塩辛く、身の引き締まった鮭がよい。

1 切り身は、骨付きの場合は裏返して背骨と身の間に包丁の刃先を差し入れ、骨を削ぎ落とす。あらかじめ、少し凍らせておくと、きれいに仕上がる。

2 一口で食べられるように、1〜2cm角の角切りにする。皮はついたままでよいが、高温で揚げるとウロコが爆ぜるので注意。

3 スキレットまたは小さなフライパンに2cmくらいの高さまでオリーブ油を注ぎ、弱火にかける。にんにく、ローズマリー、粒こしょうを加えてそのまま加熱する。

4 3が温まってきたら2を加える。鍋底が広く、オイルがかぶらない場合は、鍋をまわして鮭にまんべんなくオイルがいきわたるようにする。

5 弱火のまま加熱し、決して高温にしない。ときどき鮭はひっくり返す。10分くらいで火を止めて、そのまま冷ます。

6 スキレットのまま食卓に出し、バゲットやスチーム野菜をそえる。保存する場合は、完全に冷めたらびんに詰めて冷蔵庫へ。保存期間は2週間が目安。

いくらを作る
salmon roe

魚卵は鮮度が落ちると、味・食感ともに劣ってきます。購入したら即日、漬け込むようにしてください。

（参考資料：岩手県水産技術センター）

材料
生すじこ …… 300〜400g
塩（並塩または粗塩）
……塩いくらの場合100g、しょうゆいくらの場合50g

卵をバラバラにする

❶ 生鮭ごと買う場合は、メス鮭を指定する。晩秋の卵は成熟し、皮がかたくなっているので、できれば10月中旬までに入手したい。

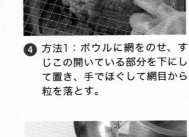

❹ 方法1：ボウルに網をのせ、すじこの開いている部分を下にして置き、手でほぐして網目から粒を落とす。

❼ 手早くかき混ぜ、はがれた膜を取り除く。大まかに取り除いたら、数回水を取り替えて、さらに細かい残存物を取り除く。

❷ 1ℓの水を沸騰させて火を止め、塩を加える。

❺ 方法2：すじこを覆う膜がはがれにくい場合は、80℃くらいの熱湯をまわしかける。膜が白く凝固し、はがれやすくなる。

❽ ざるにあげると残った膜や血管が見えるので、手で取り除く。なるべく時間をかけず、手早く仕上げる。

❸ 塩を溶かすときには泡立て器を使うと、短時間で均一に溶ける。

❻ 塩いくらの場合は❷の塩水200mℓ＋1ℓの熱湯。しょうゆいくらの場合は塩水のままで。60℃くらいの塩水に、❹または❺を入れる。

❾ ざるにあげる。ざるの目が細かすぎると水ぎれが悪いので、イクラが落ちない程度の網目で、平たいほうがよい。

<table>
<tr><td>

塩いくらを作る

① 左ページ**2**で作った塩水の残り（800㎖）にいくらを加え、撹拌する。混ぜながらさらに細かい皮などを取り除いていく。

② 目視で残った皮をすべて取り除きながらざるにあげる。ボウルにざるを重ねてラップをかけ、冷蔵庫に30分ほど入れて、水けをきる。

③ 冷蔵保存なら1週間以内に食べきる。長期保存の場合は1回分ずつ小分けし、チャック付きポリ袋に入れて冷凍する。

</td><td>

しょうゆいくらを作る

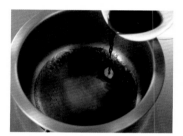

① 酒大さじ2、みりん大さじ1を小鍋に沸騰させ、アルコール分を煮きってからしょうゆ大さじ4を合わせてもう一度沸騰させ、冷ます。

② 左ページ**9**の段階で冷蔵庫に入れて30分おく。十分に水けをきってから、**1**に漬け込み、冷蔵庫で1日寝かせる。

③ 冷蔵保存なら1週間、冷凍保存なら1カ月以内に食べきる。冷凍する場合は汁ごと小分けする。解凍は冷蔵庫でゆっくりと。

</td></tr>
</table>

米の選び方
Rice

鮭を活かすも殺すも米次第……。たとえば、しょっぱい鮭には、塩の辛さを押し返す弾力のある米がマッチします。また、脂の多い鮭には、脂分を吸いすぎない硬質なお米が合うように思います。鮭にも米にもそれぞれの特性がありますので、基本を押さえたうえで、多様な組み合わせを発見してください。

鮭と米のマッチング

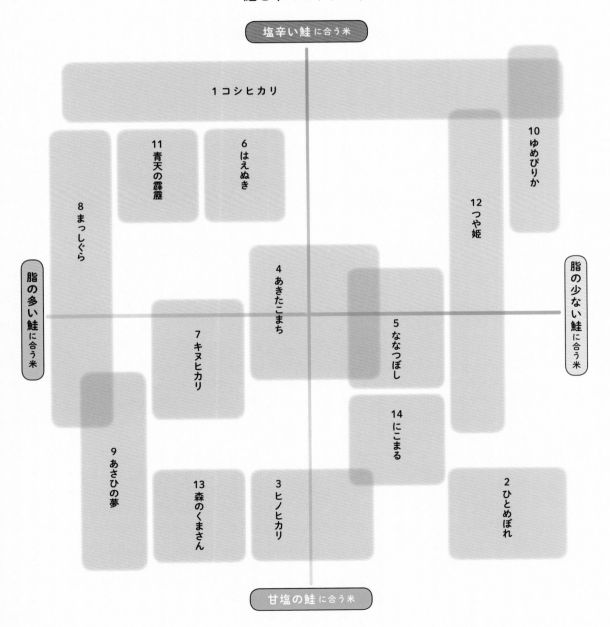

塩辛い鮭 に合う米

1 コシヒカリ

10 ゆめぴりか

11 青天の霹靂

6 はえぬき

8 まっしぐら

12 つや姫

脂の多い鮭 に合う米

脂の少ない鮭 に合う米

4 あきたこまち

5 ななつぼし

7 キヌヒカリ

14 にこまる

9 あさひの夢

13 森のくまさん

3 ヒノヒカリ

2 ひとめぼれ

甘塩の鮭 に合う米

1. コシヒカリ　もっちり

特徴
魚沼産を頂点とする日本のもっちり米の雄。

相性のよい鮭
鮭の塩分を跳ね返す弾力と重量感がある。塩辛い鮭、脂の多い鮭にもがっつり対峙。

2. ひとめぼれ　ふっくら

特徴
かたさ、粘りともに中庸な宮城生まれの東北米。

相性のよい鮭
かたすぎず、粘りすぎないので、子どもや高齢者のシャケ弁や鮭おにぎりに。

3. ヒノヒカリ　あっさり

特徴
小粒で粘らず、あっさりした西日本の米。

相性のよい鮭
塩辛くない鮭のレシピに。鮭チャーハンにも。主張せず主役の鮭を引き立てる。

4. あきたこまち　ふつう

特徴
コストパフォーマンスが高い実用派。

相性のよい鮭
味、価格ともに平均値。冷めてもかたくなりにくいため、お弁当屋さんに人気。秋鮭の炊き込みごはんにも。

5. ななつぼし　ふつう

特徴
北海道発。甘みが強く艶のある新進気鋭。

相性のよい鮭
米粒にハリがあり、鮭のちらしずしに合う。おにぎりの場合、鮭と具を合わせても崩れにくい。

6. はえぬき　しっかり

特徴
山形で生まれ育ち、全国に販路を広げる。

相性のよい鮭
軽やかでまとまりがよい。作り置きに向き、外食産業にも多く採用されている。ジューシーな時鮭に。

7. キヌヒカリ　あっさり

特徴
産地は西日本。べとつかず、すし飯に向く。

相性のよい鮭
炊きあがりに光沢があり、米が立ち白色が美しい。鱒ずしや鮭ちらしに。

8. まっしぐら　しっかり

特徴
外食産業から注目の青森県期待の新品種。

相性のよい鮭
おにぎりがほろっとほどける軽やかさ、冷めても変わらぬ艶のよさ、粒ぞろいが魅力。脂の多いハラスのおにぎりに。

9. あさひの夢　あっさり

特徴
関東圏の米。主菜を引き立てる名脇役。

相性のよい鮭
粘らず、脂や水分を吸いすぎないので、こってり生サーモンと相性抜群。

10. ゆめぴりか　もっちり

特徴
北海道発の秀作。粘りとやわらかさが特徴。

相性のよい鮭
米の甘みと鮭の塩味で対比を出したい。どさんこの米には同郷の秋鮭山漬けで。

11. 青天の霹靂（せいてんのへきれき）　もっちり

特徴
2015年青森発。特Aランク獲得の注目株。

相性のよい鮭
粒が大きなしっかり米で、握ってもつぶれないのでおにぎり向け。しょっぱい鮭にも。

12. つや姫　ふっくら

特徴
山形米の代表格。名のとおり艶はピカー。

相性のよい鮭
リピーターの多い人気米。米の張りと艶が映える色鮮やかな紅鮭を。

13. 森のくまさん　あっさり

特徴
香ばしさが特徴。熊本一押し個性派米。

相性のよい鮭
おにぎりのプロが食味よしと太鼓判を押す高級志向の米。鮭の最高峰時鮭と合わせたい。

14. にこまる　ふっくら

特徴
西日本で普及する温暖化にも強い品種。

相性のよい鮭
張りのあるふくよかな米質で、鮭ずしに合う。子どもの鮭弁当にも。

写真：1,2,4〜12,14＝ヤマトライス、3＝佐賀米マーケティング協議会、13＝くりや

米、雑穀、乾物豆の種類

白米にもうひとつの穀物を炊き合わせると、鮭おにぎりは何倍にも味わい深くなるから不思議です。穀物はそれぞれ味も歯ごたえも異なりますが、いずれも鮭との相性は抜群です。

1. 玄米

白米を精製する前の、ぬかと胚芽がついた状態が玄米。食物繊維が多く含まれ、ビタミンやミネラルが豊富で、健康・美容効果は絶大。ただし、白米に比べればボソボソした食感は否めない。(p64参照)

2. 発芽玄米

玄米を発芽させた状態の米。酵素が活性化するため、栄養素がパワーアップ。玄米より消化吸収もよくなる。近年、体質改善やアンチエイジング目的での愛好家が急増している。(p101参照)

3. もち米

日本の米の大部分を占めるうるち米に対して、粘り気の多い品種がもち米で、蒸してついたものが餅である。アジアの広範囲で蒸し料理のちまきが作られ、日本では祝膳に赤飯が供される。(p65参照)

4. 古代米

野生稲の特徴をもち、縄文・弥生時代に栽培されていた品種といわれるが、定かではない。伝統の食文化を見直すスローフードブームにのり、赤米と黒米が人気。いずれも精米すれば白色になる。(p104参照)

5. 押し麦

大麦にはあっさりしたうるち麦と、もちもちしたもち麦がある。うるち麦をローラーで平たく押しつぶしたものが押し麦で、つぶすことにより吸水性がよくなり、炊いたときにやわらかくなる。(p66参照)

6. そばの実

そばの実は炊くと滋味深く、近年健康食として注目を集めている。世界一の蕎麦消費国ロシアでは牛乳粥や雑炊にしたり、フランスではそば粉でクレープを焼いたり、お国変われば食べ方も変わる。(p92参照)

7. 粟（あわ）

粟は太平洋戦争前までは主食用に広く栽培されていた雑穀である。粟ぜんざいに使うもち粟は粘る。うるち粟でも炊くと結構粘りが出るので、米に対し粟を1割以内にとどめたほうが無難。(p104参照)

8. たかきび

実が赤く、中国での名称は高粱(コーリャン)。栄養価が高く低カロリーのスーパーフードとして、またビーガン(完全菜食主義者)料理に、ひき肉の代用品として使われはじめている。(p66参照)

9. 黒千石

一時絶滅の危機に瀕したが、生産者の努力により岩手で復活。現在では北海道と東北で丹精されている。栽培は難しいが小粒で美味な黒豆として煮豆、炊き込みごはんに、また納豆にも加工。(p90参照)

10. 緑豆

緑豆もやしの種子であり、春雨の原料でもある。ごはんに炊き込めば、翡翠色が美しい豆ごはんに。スイーツ「モーモーチャーチャー」の場合は、ココナッツのお汁粉の上にトッピングされている。(p86参照)

11. くらかけ豆

長野産の青大豆で、希少品。緑に黒のまだら模様がパンダのようで「パンダ豆」、煎るとのりの香りがすることから「のり豆」とも呼ばれる。甘みが強く、ひたし豆や炊き込みごはんに。(p91参照)

12. ごま

インドで発祥し、干ばつに強く、世界各地に産地を広げる。日本で市販されているのは黒ごま、白ごま、金ごまの3種で、99%以上が輸入品。抗酸化作用など、ごまの効用をうたう健康サプリも人気。(p124参照)

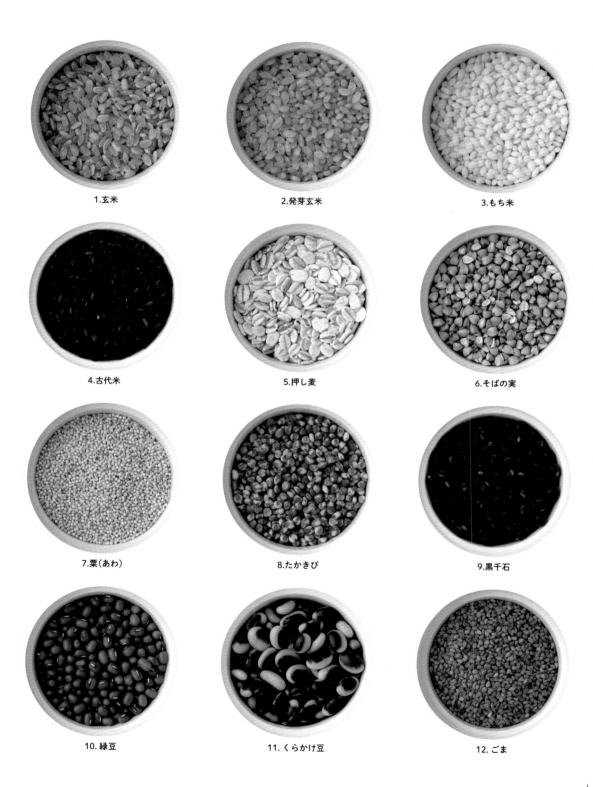

1.玄米

2.発芽玄米

3.もち米

4.古代米

5.押し麦

6.そばの実

7.粟（あわ）

8.たかきび

9.黒千石

10.緑豆

11.くらかけ豆

12.ごま

おにぎりの おいしい米の比率

鮭おにぎりを作るときに、白米に玄米、もち米、雑穀、豆などを炊き合わせると、味や歯ごたえに奥行きが出ます。それぞれの特性に合わせた配分を知っておくと便利です。

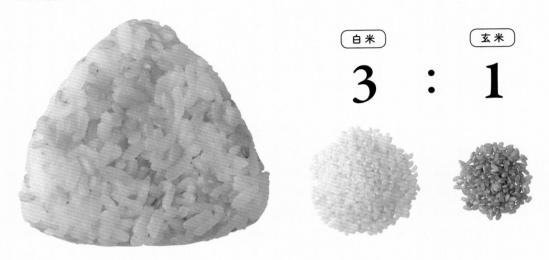

白米　　玄米

3 ： 1

白米と玄米 のおいしい黄金比

　一口に玄米といっても精米の度合によって味わいは異なります。
・一分搗き（いちぶづき）
　玄米のごく表面を精米
・三分搗き（さんぶづき）
　糠を軽く落とし、胚芽が残っている状態
・五分搗き（ごぶづき）
　白米と玄米の中間
・七分搗き（しちぶづき）
　白米により近い段階。胚芽もほぼ残らない
・十分搗き（じゅうぶづき）
　白米のこと
　玄米を炊くと、栄養価は高いけれど粘りがなく、あごが疲れるほどかたく感じます。そ

こで、まる2日くらい浸水し、水を多めに加えて炊きますが、おにぎりをにぎるとぼろぼろと崩れてしまいます。
　鮭の粗ほぐしを加えたおにぎりを作る際には、白米に玄米を加える程度にとどめます。しっとりした仕上がりにするには、白米と玄米が3対1の割合、つまり2合のご飯を炊く際に、白米1と1/2カップ、玄米1/2カップの量を合わせます。
　また、七分搗きの玄米を使用する方法もあり、玄米の食感も楽しめ、鮭と一緒ににぎっても崩れず、ほどよいバランスです。
　アレンジするなら、白米1、玄米1、もち麦1の割合にするのもおすすめです。

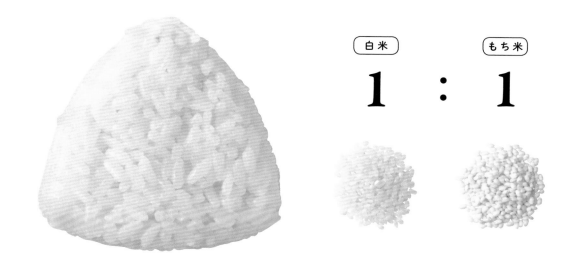

白米ともち米 のおいしい黄金比

　もち米100%で作る鮭おにぎりは、ボリューム満点で腹持ちがよいのですが、もちもちしすぎのようにも思えます。おにぎりを口に入れた瞬間、米のひと粒ひと粒とほぐした鮭が踊り出すような感触は得られません。

　そこで、白米ともち米を1対1で合わせると、粘りすぎず、合わせる具の水分を吸いすぎず、まとまりよく仕上げることができます。米ともち米を合わせて2回ほどとぎ、ざるにあげて20分ほどおき、水加減は白米のみの場合よりも少なめにします。

　もち米を味方につけて、扱いにくい具材同士を上手にまとめましょう。炊き上がりに鮭と合わせる具は、野菜やきのこの炒め煮など、水分や油分を含んだ素材でもOK。豆類を加える場合も米の適度な粘り気が全体をうまくまとめあげてくれます。あっさりした粘り気の少ない米にも、もち米を合わせることで、ほどよくもっちり感が出ます。

　また、おにぎりを低温で長時間保存すると、乾燥して崩れやすくなります。その解消法として、白米に対してもち米を1割程度加えることにより、粘りが増して、ごはんのボソボソ感を防ぐことができます。

おにぎりの **おいしい米の比率**

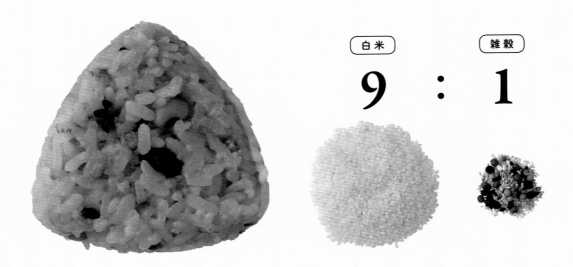

白米		雑穀
9	**:**	**1**

白米と雑穀のおいしい黄金比

　五穀豊穣の「五穀」とは、地域や時代により定義は異なるものの、おおむね米、麦、粟、きび（またはひえ）、豆の5種を指すようです。いわゆる雑穀と呼ばれる麦、粟、きび、ひえが人類の食を支えた歴史は数千年という長さ。日本では戦後、米の改良が進むにつれ雑穀は時代遅れとなりましたが、現在再び復刻ブームに沸いています。健康や美容に、雑穀の効用が改めて見直され、五穀米、十穀米といった雑穀のブレンドも商品化されています。白米と鮭に合わせて炊くと、白米のみとは異なる多彩な食感や味のハーモニーを楽しむことができます。

　鮭おにぎりの場合、白米に対する雑穀の割合は10分の1にとどめたいものです。ことに粟、ひえ、アマランサス、キヌアといった小粒の雑穀の場合、多すぎると強い粘りが出て、鮭を加えるときに白米がつぶれ、均等に混ざりません。粘るとおにぎりの形も整わず、口に入れたときにほどけるような軽やかさに欠けてしまいます。

　もし、炊いてから粘りすぎたと感じたときにはお粥にすると、粘りが逆に功を奏してとろっとした上品な仕上がりになります。特にタカキビはお粥全体が薄紫色に染まり、鮭と合わせるととてもきれいです。

白米と豆 のおいしい黄金比

鮭と豆のおにぎりに合わせる豆の状態は、生豆、乾燥豆、煎り豆の3種類があります。

生豆はさや付きで八百屋に並ぶ枝豆や黒豆など大豆の仲間。そら豆やグリーンピースなどもそうです。収穫間もないので火の通りが早く、米と一緒に炊き込んでしまうと、色あせてしまいます。豆は米が炊ける10分前に炊飯器に投入。蒸らす間に火を通す方が、フレッシュな豆の香りを活かすことができます。鮭はおにぎりを握る直前に加えてください。それぞれの味が混ざりすぎず、上品に仕上がります。

乾燥豆は季節を問わず使えるのが利点ですが、炊く前に、十分浸水させなければなりません。豆の種類により浸水時間は異なりますが、たいていは一晩水に浸け、表面のしわが伸びてからごはんに炊き込みます。

煎り豆の代表は、節分にまく鬼打ち豆（大豆の煎豆）で、ほかにくらかけ豆や黒豆などの煎り豆が市販されています。煎ってあるので香ばしく、浸水させずそのまま炊き込めるので手軽です。

ごはんと豆の割合は、5対1くらい。生豆と乾物豆では重さが異なるため、重量表記はできませんが、容量としては米2と1/2カップに対し、豆1/2カップが目安になります。

おにぎりの おいしい具の比率

おにぎり1個（120g）の総塩分量を平均1％（1.2g）として、鮭の辛さによって具の重量を算出してみます。この数値を基準に、暑い夏や激しいスポーツ時には塩分量を増やすなど調整しましょう。

甘口鮭なら…

120g ： 40g

具だくさんのぜいたくおにぎりです。甘塩鮭（塩分約3％）40gの塩分が約1.2gでちょうどよい塩加減。ごはんに塩を加えるなら、鮭量を3/4に減らし、ごはん90gに混ぜる塩分は0.3%(0.3g)に。

中辛鮭なら…

120g ： 24g

一般的な鮭おにぎりの鮭は中辛。中辛鮭（塩分約5％強）なのでおにぎり1個に鮭24gで1.2gの塩分量となる。健康に気をつけるなら、ごはんに塩は足さない。

辛口鮭なら…

120g ： 12g

辛口鮭（塩分約10％）を使うなら、鮭12gで1.2gの塩分量となる。鮭をほぐして混ぜごはんにすれば、塩味がおにぎり全体になじむ。

いくらなら…

120g ： 30g

いくら30gで塩分量は0.7gくらい。ごはん90gに混ぜる塩分は0.5%(0.5g)と、少し塩を強めにしたほうが、おにぎりの旨味が増す。

すじこなら…

160g ： 33g

筋子はいくらに比べると塩分が強い。おにぎり全体を大きくし、すじこ33g(塩分約1.6g)は塊で中央に入れ、受け身のごはんに塩は加えない。

鮭を米と一緒に炊く

炊飯器で作る鮭の炊き込みごはん。鮭は甘塩だと味がぼけるので、中辛か辛口がおすすめ。しょっぱい鮭を持て余したときのとっておきレシピでもあります。炊く30分前に鮭をひたひたの日本酒にひたしておきましょう。

材料
米 …… 2合
鮭の切り身 …… 1切れ
しょうが（せん切り）…… 1片
日本酒 …… 大さじ1

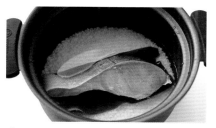

1 鮭を酒にひたす。といだ米を釜に入れ、目盛りどおりに水を入れる。昆布を加えて1時間以上おき、鮭を加えて炊飯する。

2 炊きあがってから5分くらいおき、ごはんに蒸気を吸収させ、ふっくら蒸らしてから、フタを開ける。

3 昆布と鮭は別皿に取り分ける。ごはんは軽く混ぜて、昆布と鮭からにじみ出ただしの味を均一にする。

4 鮭の皮を取り除く。皮が好きなら細かく切って混ぜ合わせてもよいが、取り除くほうが上品に仕上がる。

5 骨をとる。背骨だけでなく、肋骨、背ビレ、腹ビレの付け根の小さな小骨も丁寧に取り除く。

6 身を粗くほぐす。ほぐすついでに小骨が残っていないかを確かめる。

7 鮭のほぐし身としょうがをごはんに加える。

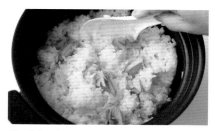

8 空気を混ぜ込むように軽く混ぜる。すぐに食べない場合は炊飯器で保温せず、食べる直前にレンジで温め直す。

のりとごはん

Seaweed　Rice

焼きのりは10枚で1帖。1枚は全型21×19cmです。のり半切りの中央におにぎりをのせて、包むように巻くのが基本ですが、おにぎりの形によって美しく仕上げるのりの巻き方をご紹介します。

三角型おにぎり

①

焼きのりは長い辺(21cm)を3等分し、キッチンばさみで7cm幅に切る。

②

のりを横長に置き、茶碗1杯分のごはんでにぎったおにぎりを中央にのせる。

③

のりの左の上端を折りたたむようにおにぎりを包む。

④

のりの右の上端も同様に、折りたたむように包む。

⑤

おにぎりの底面に、のりの余った部分を折りたたみ、端を隠して仕上げる。

俵型おにぎり

①

焼きのりは長い辺(21cm)を4等分し、キッチンばさみで約5cm幅に切る。

②

80gのごはんを俵型ににぎる。手のひらで円柱型に丸める。

③

のりを縦長に置き、手前におにぎりをのせる。

④

のりをぐるっと巻く。左右の端は包み込まないほうが仕上がりは美しい。

太鼓型おにぎり

①
焼きのりは長い辺(21cm)を6等分し、キッチンばさみで3.5cm幅に切る。

②
茶碗1杯分のごはんを手のひらで転がしてボール型に丸め、手の平で押さえて太鼓型にする。

③
皿におにぎりをのせ、上から真ん中にのりを巻いて、つなぎ目を下にする。

④
クロスするようにもう1枚ののりを巻き、同様につなぎ目を下にして仕上げる。

ボール型おにぎり

①
焼きのりはキッチンばさみで対角線を2等分に切る。

②
茶碗1杯分のごはんを手のひらで転がしてボール型に丸める。

③
三角形ののりの中央におにぎりを置く。

④
のりの三角の頂点を折り返し、全体を持ち上げる。

⑤
左右ののりを折りたたみ、ごはんが見えないように手のひらで転がしてなじませる。

2

鮭の
おにぎり

秋鮭の新巻鮭 × おにぎり

Autumn salmon

粗くほぐす

こんがり焼いた秋鮭を箸でほぐすと、ほろほろと身がはがれるように崩れていきます。ほぐすのはここでストップ。その大きな塊をごはんに加えてにぎったおにぎりは、満足感でいっぱいです。

鮭の混ぜごはんでおにぎりをにぎるときの基本のほぐし方がこれ。鮭の存在感はそのままに、ごはんとほどよくなじみます。ほかの具材と合わせるときにもバランスよく仕上がり、見た目もグッド！

秋鮭の新巻鮭 × おにぎり
Autumn salmon

粗くほぐす

1

2

3

4

作り方

1. 秋鮭は脂分が少ないので、身が締まっている。皮に軽く焦げ目が付く程度に焼いて、そのまま皮をはがす。皮は捨てるのがもったいないので、焼き立てをそのまま食べよう。

2. 骨付きの切り身の場合は、背骨を中骨・腹骨とともにとり、骨の間の身も箸でこそげとる。

3. 箸でざっくり身を割りほぐす。背ビレや腹ビレの付け根の骨が身に残っている場合は、丁寧に取り除く。

4. 崩した身は多少の大小があってよい。むしろ、ひとつのおにぎりで大小の身の異なる食感を楽しみたい。

コツとPoint

フォークで刺しつつ
つぶすと簡単

子どもや料理の初心者に手伝ってもらうなら、箸よりフォークの方がよい。ほぐすのが簡単なうえに、周囲に飛び散らないので片付けも楽。

普通にほぐす

1

2

3

4

作り方

1. p76の**1**を参照。秋鮭は脂が少ないので、魚の臭みも少ない。あえて皮もごはんに混ぜ込む場合は、皮をさらにこんがり焼いて刻んで混ぜる。

2. p76の**2**を参照。鮭には背骨から突き出た細い骨がある。背骨と一緒にとることができなければ、身をほぐすときに取り除くこと。

3. 箸で身を粗くほぐす。秋鮭はホロホロと箸でほぐしやすいので、まずは大まかに。ほぐすというより割る感覚で。

4. ほぐし身の大きさの目安は、粗ほぐしの1/3くらい。箸でほぐすと、包丁で切る場合と違って繊維を断ち切らないので、食感が残っておいしい。

コツとPoint

手袋を使って
スピードアップ

大量に作る場合は、衛生手袋をつけて指先でほぐす。こねず、手早く割るように。触感でとり残した小骨にも気付くことができる。

秋鮭 の 新巻鮭 × おにぎり + 食材を加えてアレンジ！
Autumn salmon

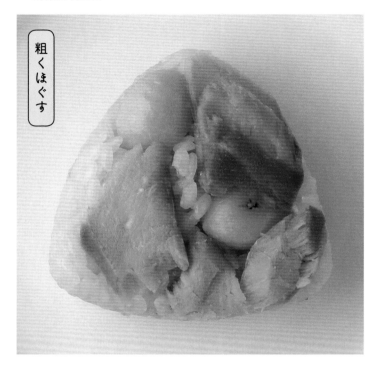

粗くほぐす

銀杏と秋鮭の中華おにぎり

材料(2合分)
秋鮭の切り身 …… 1と1/2切れ
おこわ
| もち米 …… 2合
| 中華スープの素（顆粒） …… 小さじ1と2/3
| しょうゆ …… 小さじ2/3
| 銀杏 …… 15粒

作り方
1. 銀杏は殻ごと煎る。殻が弾けたら割って実を取り出し、さらに薄皮を丁寧にむく。
2. もち米をといでざるにあげてよく水きりをし、釜に入れて目盛りよりも1割減くらいの水を入れる。中華スープの素としょうゆを加えて軽く混ぜ、1も加えて炊飯する。
3. 切り身は焼いて骨と皮をとり、銀杏と同じくらいの大きさに粗くほぐす。
4. おこわが炊きあがったら軽く混ぜ、3を加えてさらに混ぜる。茶碗1杯分を好きな形ににぎる。

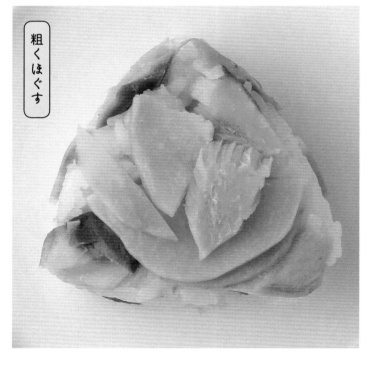

粗くほぐす

さといもと秋鮭のおにぎり

材料(2合分)
秋鮭の切り身 …… 1と1/2切れ
炊き込みごはん
| 米 …… 2合
| さといも（大） …… 1と3/4個
| 塩 …… 少々

作り方
1. さといもは皮をむき、塩をまぶしてこすり洗いし、ぬめりを取る。水気を拭き、2mmくらいの薄さに輪切りし、さらに2mmくらいの細切りに。
2. 米をといでざるにあげてよく水きりをし、釜に入れて目盛りどおりに水を入れ、1を加えて炊飯する。
3. 切り身は焼いて骨と皮をとり、粗くほぐす。
4. ごはんが炊きあがったら軽く混ぜ、3を加えてさらに混ぜる。茶碗1杯分を好きな形ににぎる。

※鮭が甘塩の場合は、米1合に対してひとつまみの塩を加えて炊く。

ふきの葉包みの
チャレンジ秋鮭おにぎり

材料(2個分)

秋鮭の切り身 …… 1/2切れ
ごはん …… 茶碗2杯
ふきの葉 …… 2枚

A

かつおだし …… 2カップ
みりん …… 大さじ2
酒 …… 大さじ4
砂糖 …… 大さじ2
しょうゆ …… 小さじ2
塩 …… 小さじ1/3

作り方

1. ふきの葉はさっと湯通しして冷水にとる。

2. Aをフライパンなど平たい鍋で煮立てて、味を見ながら調整する。**1**を加えて1分くらい煮て、火を止めて冷ます。30分くらいおいたら軽くしぼる。

3. 切り身は焼いて骨をとり、粗くほぐす。

4. 茶碗1杯分のごはんに**3**を加えて軽く混ぜ、好きな形ににぎる。

5. **2**をまな板に広げて、**4**をやさしく包む。

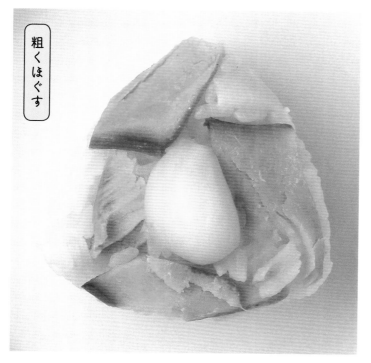

百合根の炊き込みと
秋鮭のおにぎり

材料(2合分)

秋鮭の切り身 …… 1と1/2切れ
炊き込みごはん

米 …… 2合
百合根 …… 1個

作り方

1. 百合根は1枚ずつはがして洗い、1枚を2～3等分に切り分ける。

2. 米をといでざるにあげてよく水きりをし、釜に入れて**1**を加える。目盛りどおりに水を入れて炊飯する。

3. 切り身は焼いて骨と皮をとり、粗くほぐす。

4. ごはんが炊きあがったら、百合根をつぶさないように軽く混ぜ、**3**を加えてさらに混ぜる。茶碗1杯分を好きな形ににぎる。

秋鮭の新巻鮭 × おにぎり + 食材を加えてアレンジ！
Autumn salmon

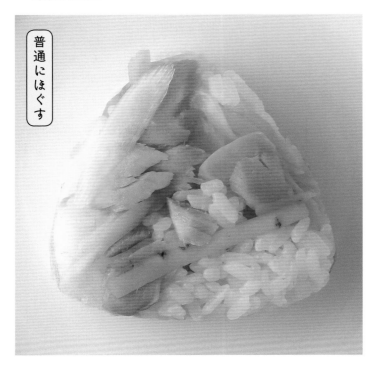

普通にほぐす

みょうがたけと新ごぼうの爽快！秋鮭のおにぎり

材料(2個分)

秋鮭の切り身 …… 1/2切れ
ごはん …… 茶碗2杯
みょうがたけ …… 2本
新ごぼう …… 6cmくらい
酢 …… 大さじ1
砂糖 …… 小さじ1

作り方

1. みょうがたけは生のまま薄く斜めに切る。新ごぼうは、5cmくらいの長さの薄切りにしてサッと湯がく。この2つを酢と砂糖を混ぜた甘酢に漬け、1日以上おく。

2. 切り身は焼いて骨と皮をとり、普通にほぐす。

3. ごはんに**1**の汁ごとと**2**を混ぜ、茶碗1杯分を好きな形ににぎる。

※みょうがたけはみょうがの若い茎。生えたての青い葉をむくと薄紅をさしたような白く細長い茎で、刺身のツマに使われる。

普通にほぐす

ドライトマトの炊き込みごはんと秋鮭のおにぎり

材料(2合分)

秋鮭の切り身 …… 1と1/2切れ
炊き込みごはん
| 米 …… 2合
| ドライトマト …… 4個
| オリーブ油、粒こしょう …… 適量

作り方

1. ドライトマトはさっとゆで、ざるにあげて水を切り、常温に冷ます。粒こしょうと一緒に1週間以上、オリーブ油に漬けておく。漬け終わったら、ドライトマトをみじん切りにする。

2. 米をといでざるにあげてよく水きりをし、釜に入れて目盛りどおりに水を入れ、**1**をオイルごと加えて炊飯する。

3. 切り身は焼いて骨と皮をとり、普通にほぐす。

4. ごはんが炊きあがったら軽く混ぜ、**3**を加えて手早く混ぜる。茶碗1杯分を好きな形ににぎる。

※秋鮭は脂が強くないので、油を使う料理や炊き込みごはんによく合う。トマトの酸味とこしょうのほのかな香りが秋鮭の旨味を引き立てる。

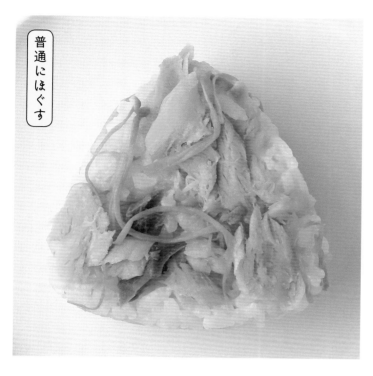

普通にほぐす

干しえのき・秋鮭の炊き込みおにぎり

材料(2合分)

秋鮭の切り身 …… 1と1/2切れ

炊き込みごはん

> 米 …… 2合
> 干しえのきたけ …… 35g
> だし昆布 …… 5cm
> 日本酒 …… 大さじ2と1/3

作り方

1. だし昆布と干しえのきたけをひたる程度の水に浸けて一晩おく。

2. 切り身に日本酒を振りかける。

3. 米をといでざるにあげてよく水きりをし、釜に入れて**1**の汁を加える。目盛りどおりに水を入れ、**1**のえのきたけを加える。**1**の昆布、その上に**2**をのせ、炊飯する。

4. ごはんが炊きあがったら鮭と昆布を取り出す。鮭は骨と皮をとり、普通にほぐす。

5. **4**を釜に戻して軽く混ぜ、茶碗1杯分を好きな形ににぎる。

※辛口の切り身を使用してもよい。よく干されたえのきたけからは、よいだしが出る。

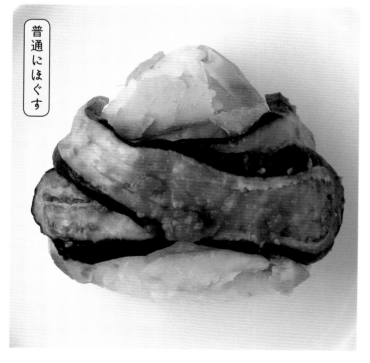

普通にほぐす

干しなすのみそ炒めと秋鮭のおにぎり

材料(2個分)

秋鮭の切り身 …… 1/2切れ

ごはん …… 茶碗2杯

干しなす …… 4枚

ごま油、みそ、みりん、砂糖、七味とうがらし …… 各少々

作り方

1. 干しなすは沸騰した湯に入れてそのまま冷まし、常温になったらしぼって切り分ける。

2. ごま油を熱して**1**を炒め、みりんで溶いたみそを加える。味をみながら砂糖と七味とうがらしを加える。

3. 切り身は焼いて骨と皮をとり、普通にほぐす。

4. ごはんに**2**と**3**を加えて軽く混ぜ、茶碗1杯分を好きな形ににぎる。なすはおにぎりに巻いてもよい。

※秋鮭は適度な歯ごたえがあり、ごま油と合わせると中華テイストになり、七味とうがらしとも相性がよい。干しなすは生よりも歯ごたえがあり、炒め煮に向いている。ただし、水にひたしてそのまま戻すとかたいので、必ず沸騰した湯を使うこと。

秋鮭 の 新巻鮭 × おにぎり

Autumn salmon

細かくほぐす

鮭を細かくほぐすことによって、鮭おにぎりの旨味は
点から面へと広がりをみせます。具を合わせる場合は、
魚卵や雑穀などほぐし身と同じくらいに細かいものだ
と相性がよいです。

焼いた鮭を皮ごと包丁で角切りに。断面が直線になる
ため、ごはんに加えても混ざることなく独立していま
す。皮も使うので、こんがりと焼いたほうが香ばしさ
は増し、おいしく感じます。

秋鮭 の 新巻鮭 ✕ おにぎり
Autumn salmon

細かくほぐす

1

2

3

4

作り方

1. p76の**1**を参照。鮭を蒸して作る場合は、酒をふりかけてから蒸し、その後の作り方は焼き鮭と同様。蒸すと色は淡く、身はやわらかく仕上がる。

2. p76の**2**を参照。秋鮭が産卵のために国内沿岸に戻る秋のみ、生鮭が出まわる。生鮭で作る場合は、塩をふって余分な水分をしぼってから焼く。作り方は塩鮭と同様。

3. 衛生手袋をつけて、もみしだくように身をほぐしていく。見つけた小骨は、その都度取り除く。

4. 均一に、そして手早くフレーク状にほぐす。衛生手袋がなければ、清潔なビニール袋に入れて口を閉め、外側からもんでほぐす。

コツとPoint

さらに細かくそぼろ
状にするなら

チャック付きポリ袋にフレークを入れて空気を抜き、口を閉めてまな板にのせる。上からめん棒を転がし、そぼろ状になるまでつぶす。

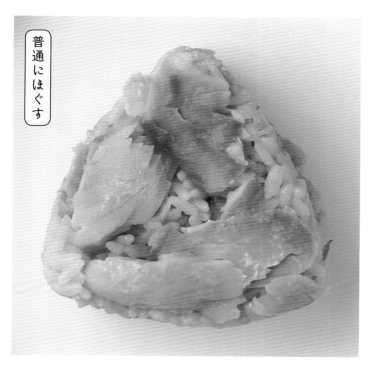

普通にほぐす

ほうじ茶の炊き込みと秋鮭山漬けのおにぎり

材料（2合分）
秋鮭山漬けの切り身 …… 1と1/2切れ
炊き込みごはん
| 米 …… 2合
| ほうじ茶の茶葉 …… 大さじ1

作り方
1. 米2合を炊飯する量の水を沸騰させ、茶葉を加える。火を止めて1分くらいおき、茶葉を漉し器に入れて冷ます。
2. 米をといでざるにあげてよく水きりをし、釜に入れて目盛りどおりに1を入れ、炊飯する。
3. 切り身は焼いて骨と皮をとり、粗くほぐす。
4. ごはんが炊きあがったら軽く混ぜ、茶碗1杯分を好きな形ににぎる。

普通にほぐす

ひらたけと秋鮭山漬けのおこわおにぎり

材料（2合分）
秋鮭山漬けの切り身 …… 1と1/2切れ
おこわ
| もち米 …… 2合
| ひらたけ …… 150g

A
| 水 …… 2カップ　　　　しょうゆ …… 小さじ2
| 酒 …… 大さじ2　　　　砂糖 …… 小さじ1
| みりん …… 小さじ2　　塩 …… 小さじ1/3

作り方
1. Aを火にかけて煮立て、一口大に切り分けたひらたけを加え5分煮て冷ます。
2. 1のひらたけは煮汁を軽くしぼる。
3. もち米をといでざるにあげてよく水きりをし、釜に入れて目盛りよりも1割減くらいの1の煮汁を入れる。2を加えて炊飯する。
4. 切り身は焼いて骨と皮をとり、粗くほぐす。
5. おこわが炊きあがったら4を加えて混ぜ、茶碗1杯分を好きな形ににぎる。
※筋肉が適度に発達している秋鮭の山漬けは噛みごたえがあり、歯ざわりのよいひらたけと相性がよい。薄味仕立てのひらたけに山漬けの塩分が溶け合い、いい塩梅に。

時鮭 × おにぎり

Toki salmon

粗くほぐす

焼きたての時鮭を箸で崩し、あつあつのごはんにのせ
てキュッとにぎります。身から天然の良質な脂がにじ
み出てごはんにしみわたり、粗ほぐしならではの醍醐
味を思う存分楽しむことができます。

普通にほぐす

時鮭は若鮭なので皮が薄く、ビロードのような手触りです。この皮のこんがり焼ける香りが身に移り、スモーキーな味わいに。ほぐし身をごはんに合わせると、脂があるのにくどくない。さすが高級鮭と思わせます。

時鮭 × おにぎり + （食材を加えてアレンジ！）
Toki salmon

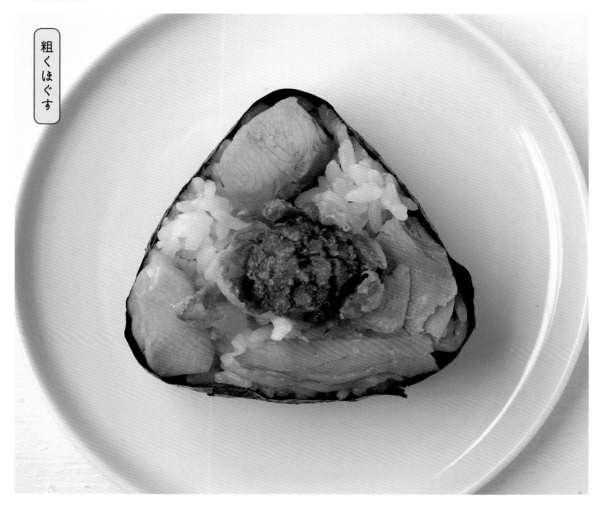

粗くほぐす

ふきのとうの天ぷらと時鮭の天むす

材料（2個分）
時鮭の切り身 …… 1/2切れ
ごはん …… 茶碗2杯
ふきのとう …… 2個
天ぷら油、天ぷら粉、天つゆ …… 各適量

作り方
1. 切り身は焼いて骨と皮をとり、粗くほぐす。
2. ふきのとうは洗って水をきり、天ぷら粉を薄くつけて、180℃くらいの油でカリッと揚げる。冷めないうちに天つゆをくぐらせる。
3. ごはんに1を加えて軽く混ぜ、茶碗1杯分のごはんの中心にふきのとうを入れ、好きな形ににぎる。
※のりをおにぎりの厚みに合わせて細長く切り、ぐるりと巻いてもいい。

粗くほぐす

桜花と時鮭のお花見おにぎり
（おうか）

材料(2個分)
時鮭の切り身 …… 1/2切れ
ごはん …… 茶碗2杯
桜花の塩漬 …… 4輪

作り方
1. 切り身は焼いて骨と皮をとり、粗くほぐす。
2. 塩漬けの桜花はそのままでは塩辛すぎるので、さっと水で洗い、ペーパータオルで水けをとる。
3. ごはんに**1**と**2**を加えて軽く混ぜ、茶碗１杯分を好きな形ににぎる。
※俵型ににぎり、お花見弁当に詰めても美しい。

時鮭
Toki salmon

× おにぎり ＋ 食材を加えてアレンジ！

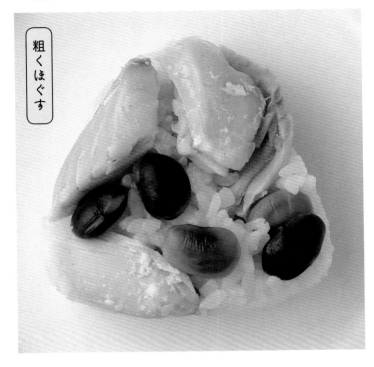

粗くほぐす

丹波の生黒豆の炊き込みと時鮭のおにぎり

材料(2合分)
時鮭の切り身 …… 1と1/2切れ
炊き込みごはん
| 米 …… 2合
| 生の黒豆……1/2カップ

作り方
1. 黒豆はさやから出す。薄皮はむかない。
2. 米をといでざるにあげてよく水きりをし、釜に入れて目盛りどおりに水を入れ、炊飯する。
3. 切り身は焼いて骨と皮をとり、普通にほぐす。
4. ごはんが炊きあがる15分前に、1を釜の中に入れ、混ぜずに蒸らして仕上げる。
5. 4に3を加えて軽く混ぜ、茶碗1杯分を好きな形ににぎる。

※生の黒豆はさやの付いた枝ごと束ねられ、秋のほんのひととき、市場に出回る。最高峰は丹波篠山産で大きさは銀杏ほど。はちきれんばかりの実は丸く、薄皮が黒い。

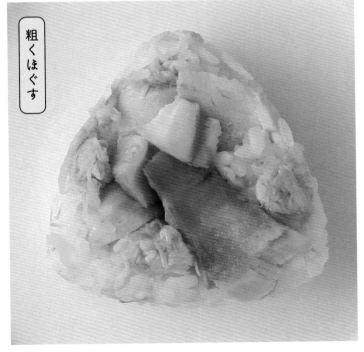

粗くほぐす

菊花と時鮭のおにぎり

材料(2個分)
時鮭の切り身 …… 1/2切れ
ごはん …… 茶碗2杯
食用菊 …… 6輪
甘酢
| 酢 …… 1/2カップ
| 砂糖 …… 大さじ1
| 塩 …… 小さじ1

作り方
1. 甘酢の材料を混ぜ合わせる。
2. 菊は花びらをむしり、水洗いする。熱湯に入れてさっとゆで、水けをしぼり、1に漬ける。
3. 切り身は焼いて骨と皮をとり、粗くほぐす。
4. ごはんにしぼった2と3を加えて混ぜ、茶碗1杯分を好きな形ににぎる。

※食用菊には黄色と紫のタイプがあるが、黄色のほうが鮭に映える。

粗くほぐす

利平栗の炊き込みと
時鮭のおにぎり

りへいぐり

材料(2合分)

時鮭の切り身 …… 1と1/2切れ

炊き込みごはん

　ごはん …… 2合
　生栗(利平栗でなくてもよい) …… 8個
　塩、日本酒 …… 少々

作り方

1. 栗は包丁で殻と薄皮をむく。

2. 米をといでざるにあげてよく水きりをし、釜に入れて目盛りどおりに水を入れ、1、塩と日本酒を加えて炊飯する。

3. 切り身は焼いて骨と皮をとり、粗くほぐす。

4. ごはんが炊きあがったら軽く混ぜ、茶碗1杯分を好きな形ににぎる。

※利平栗は熊本の名産品。コクと甘みがあり、実が詰まっているのが特徴。

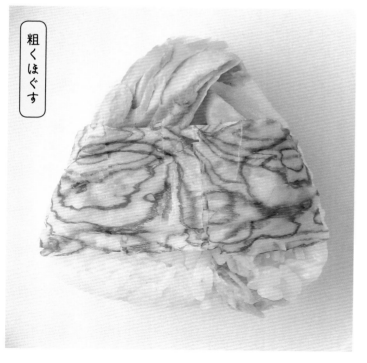

粗くほぐす

おぼろ昆布と
時鮭のおにぎり

材料(2個分)

時鮭の切り身 …… 1/2切れ

ごはん …… 茶碗2杯

板状にプレスしたおぼろ昆布 …… 4枚

作り方

1. 切り身は焼いて骨と皮をとり、粗くほぐす。

2. ごはんが炊きあがったら1を加えて軽く混ぜ、茶碗1杯分を好きな形ににぎり、おぼろ昆布を巻く。

※板状にプレスしたおぼろ昆布は、のりのようにおにぎりに巻くので便利。

※おぼろ昆布がごはんの水分を吸うので、米はやわらかく炊きあがるものか、粘りの強い種類を選ぶこと。

時鮭 × おにぎり + 食材を加えてアレンジ！
Toki salmon

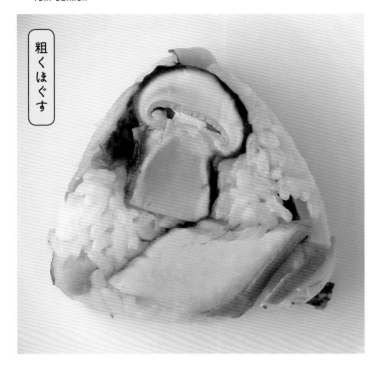

粗くほぐす

まつたけの炊き込みと
時鮭のおにぎり

材料(2合分)
時鮭の切り身 …… 1と1/2切れ
炊き込みごはん
| 米 …… 2合
| まつたけ …… 3と1/2本
| 酒 …… 少々
| しょうゆ …… 少々

作り方
1. まつたけは3mmくらいの厚さで縦にスライスする。
2. 米をといでざるにあげてよく水きりをし、釜に入れて**1**と酒を加える。目盛りどおりに水を入れ、炊飯する。
3. 切り身は焼いて骨と皮をとり、普通にほぐす。
4. ごはんが炊きあがったら**3**を加えて軽く混ぜ、茶碗1杯分のごはんを好きな形にぎる。

粗くほぐす

時鮭おにぎりの
赤かぶ包み

材料(2個分)
時鮭の切り身 ……1/2切れ
ごはん …… 茶碗2杯
赤かぶ …… 1/3個
甘酢
| 酢 …… 1/2カップ
| 砂糖 …… 大さじ2
| 塩 …… 小さじ1

作り方
1. 甘酢の材料を混ぜ合わせる。
2. 赤かぶは皮ごとスライスして、**1**に漬け、2~3時間おく。
3. 切り身は焼いて骨と皮をとり、粗くほぐす。
4. ごはんに**3**を加えて混ぜ、茶碗1杯分を好きな形ににぎり、**2**を軽くしぼり、表面を覆うように包む。

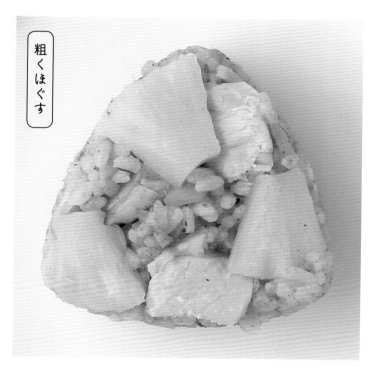

粗くほぐす

時鮭と発芽玄米の
カレーパインおにぎり

材料(2個分)

時鮭の切り身 …… 1/2切れ
発芽玄米ごはん（発芽玄米と白米1:1）
…… 茶碗2杯
たまねぎ …… 1/4個
パイナップルの輪切り(缶詰) …… 1枚
カレー粉 …… 大さじ1
オリーブ油 …… 大さじ2

作り方

1. たまねぎはみじん切りにする。パイナップル
は8等分に切る。

2. カレー粉は小鍋でからいりする。

3. 切り身は焼いて骨と皮をとり、粗くほぐす。

4. フライパンにオリーブ油を入れて弱火にかけ、
たまねぎを透明になるまで炒め、ごはんを加え
る。なじんだら**2**と**3**を加えてさっと炒める。

5. ごはんに**4**とパイナップルを加えて軽く混ぜ、
茶碗1杯分を好きな形ににぎる。

※発芽玄米は、製造メーカーにより炊き方が異なるの
で、説明書きを確認してから炊くこと。

粗くほぐす

時鮭の若生昆布巻きおにぎり

材料(2個分)

時鮭の切り身 …… 1/2切れ
ごはん …… 茶碗2杯
若生昆布の塩漬け …… 20cm

作り方

1. 昆布の塩漬けは10cmの長さに切る。

2. 切り身は焼いて骨と皮をとり、粗くほぐす。

3. 茶碗1杯分のごはんの中心に**2**を入れ、好きな
形ににぎる。

4. まな板にラップを広げてその上に**1**をのせ、中
心に**3**をおいてやさしく包む。ラップの上から形
を整える。

※若生昆布は青森の津軽地方で、春一番に収穫する、
煮物やおにぎりに使う薄くてやわらかい昆布。地元で
は漁や山仕事に出るときに、このおにぎりを作って持
参する。

時鮭 × おにぎり ＋ 食材を加えてアレンジ！
Toki salmon

粗くほぐす

プッチンたらこ＆ジュワッと時鮭のおにぎり

材料(2個分)
時鮭の切り身 …… 1/2切れ
ごはん …… 茶碗2杯
甘塩たらこ……1腹
サラダ油 …… 適量

作り方
1. 切り身は焼いて骨と皮をとり、粗くほぐす。
2. たらこは皮ごと輪切りにする。
3. フライパンにサラダ油を入れて中火にかけ、**2**を加えて軽く炒める。
4. ごはんに**1**と**3**を加えて軽く混ぜ、茶碗1杯分を好きな形ににぎる。
※噛みしめると、たらこがプッチン、鮭がジュワ〜ッとなる一品。

普通にほぐす

生新茶(荒茶)と時鮭のおにぎり

材料(2個分)
時鮭の切り身 …… 1/2切れ
ごはん …… 茶碗2杯
生新茶の茶葉 …… 小さじ1

作り方
1. 切り身は焼いて骨と皮をとり、細かくほぐす。
2. ごはんに茶葉をふり入れて混ぜ、1も加えて軽く混ぜ、茶碗1杯分を好きな形ににぎる。
※荒茶とは茶葉を蒸してもんで乾燥させたもの。さらに火入れをして煎茶が完成するが、荒茶の段階では、より生に近い茶葉の香りが楽しめる。

時鮭 × おにぎり + 食材を加えてアレンジ！
Toki salmon

普通にほぐす

新物づくし とうもろこしの 炊き込みと新時鮭のおにぎり

材料(2合分)
時鮭の切り身 …… 1と1/2切れ
炊き込みごはん
| 米 …… 2合
| とうもろこし …… 1本

作り方
1. 米をといでざるにあげてよく水きりをし、釜に入れて目盛りどおりに水を入れる。
2. 生のとうもろこしの実を包丁で削ぎ落とす。
3. 1に2を加えて炊飯する。
4. 切り身は焼いて骨と皮をとり、普通にほぐす。
5. ごはんが炊きあがったら4を加えて軽く混ぜ、茶碗1杯分を好きな形ににぎる。

※米は、粘りの強い種類を選ぶこと。
※脂の少ない秋鮭などで作る場合は、炊飯するときにバターを少し加えてもよい。
※時鮭ととうもろこしは初夏が新物のシーズン。

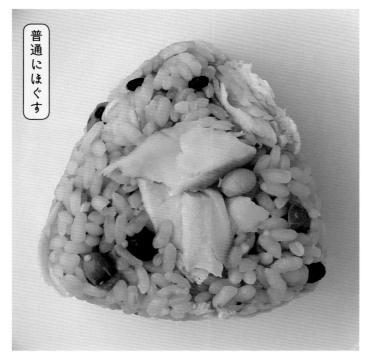

普通にほぐす

十穀米と時鮭のおにぎり

材料(2個分)
時鮭の切り身 …… 1/2切れ
十穀米のごはん …… 茶碗2杯

作り方
1. 切り身は焼いて骨と皮をとり、普通にほぐす。
2. ごはんに1を加えて軽く混ぜ、茶碗1杯分を好きな形ににぎる。

※十穀米のごはんは白米に、「もちあわ」「いなきび」「うるちひえ」「挽割りはとむぎ」「黒米」「赤米」「アマランサス」「大麦」「黒千石大豆」「半もちひえ」の10種類の雑穀を混ぜて炊いたもの。雑穀は炊き込みごはん用として量販店などでも手軽に入手できる。

普通にほぐす

古漬けきゅうりと
時鮭の炒飯おにぎり

材料(2個分)

時鮭の切り身 …… 1/2切れ
ごはん …… 茶碗2杯
古漬けきゅうり …… 適量
サラダ油、こしょう …… 適量

作り方

1. 切り身は焼いて骨と皮をとり、普通にほぐす。

2. 古漬けきゅうりは斜めに薄切りする。

3. フライパンにサラダ油を入れて強火にかけ、**2**を入れて炒める。ごはんを加えてさらに炒め、こしょうをする。火をとめてから、**1**を加えて軽く混ぜる。

4. 少し冷ましてから、茶碗1杯分のごはんを好きな形ににぎる。

※きゅうりの古漬けは、生のきゅうりに熱湯をかけて塩漬けしたもの。ぱりっとした歯ごたえと独特な風味が魅力。

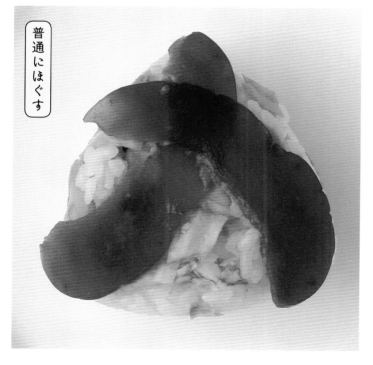

普通にほぐす

うりの奈良漬けと奈良漬けの
粕で漬けた時鮭のおにぎり

材料(2個分)

時鮭の切り身 …… 1/2切れ
ごはん …… 茶碗2杯
粕付きのうりの奈良漬け …… 適量

作り方

1. うりの奈良漬けの周りについた粕をバターナイフでこそげて集め、鮭の切り身に塗って一晩以上、冷蔵庫で味を浸透させる。焼く前に粕を拭い、焦がさないように中火で焼いて骨と皮をとり、普通にほぐす。

2. 奈良漬けのうりは、可能な限り薄く切る。

3. ごはんに**1**を加えて混ぜ、茶碗1杯分を好きな形ににぎり、**2**をのせる。

※奈良漬けは酒粕を何回も漬けることで、深い飴色になり、甘じょっぱくて盛夏のごはんのおともにぴったり。

時鮭 Toki salmon ✕ おにぎり + 食材を加えてアレンジ！

普通にほぐす

晩菊漬けと時鮭のおにぎり

材料（2個分）
時鮭の切り身 ⋯⋯ 1/2切れ
ごはん ⋯⋯ 茶碗2杯
晩菊漬け ⋯⋯ 適量

作り方
1. 切り身は焼いて骨と皮をとり、普通にほぐす。
2. ごはんに1と晩菊漬けを加えて軽く混ぜ、茶碗1杯分を好きな形ににぎる。

※晩菊漬けは、かすかな酸味と苦味がある晩秋の食用菊が主役の山形を代表する漬けもの。漬けもののなかでも時鮭の良質な脂に最も合うように思う。山形産のお米「つや姫」などで作ってみよう。

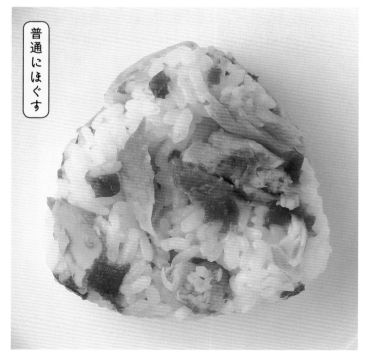

普通にほぐす

梅醤(うめひしお)と時鮭のさわやか風味のおにぎり

材料（2個分）
時鮭の切り身⋯⋯1/2切れ
ごはん⋯⋯茶碗2杯
梅醤（使用するのは適量）
⎰ 梅干し（大）⋯⋯2個
⎱ 砂糖⋯⋯大さじ1
⎱ みりん⋯⋯大さじ1

作り方
1. 梅干しは種をとり、包丁で軽くたたく。
2. 鍋に1、砂糖、みりんを入れてごく弱火にかけ、よく練って梅醤に仕上げる。
3. 切り身は焼いて骨と皮をとり、普通にほぐす。
4. ごはんに2を加えて混ぜ、3も加えて軽く混ぜ、茶碗1杯分を好きな形ににぎる。

※時鮭は脂が多く、すっきりした味わいの梅醤との組み合わせで、後味よく仕上がる。
※梅醤は梅干しに甘みを加えて煮詰めるため口あたりがまろやかで、暑い季節に食欲をアップしてくれる。

いぶりがっこと
時鮭のおにぎり

材料(2個分)

時鮭の切り身 …… 1/2切れ
ごはん …… 茶碗2杯
いぶりがっこ ……2切れ

作り方

1. いぶりがっこは細かく切る。

2. 切り身は焼いて骨と皮をとり、普通にほぐす。

3. ごはんに**1**と**2**を加えて軽く混ぜ、茶碗1杯分を好きな形ににぎる。

※いぶりがっこは秋田の代表的な漬けもの。たくあんを燻(いぶ)すことで、スモーキーな香りが醸成され、パリパリとした食感が快い。かなり弾力があるので、おにぎりに加えるときは、細かく切ること。

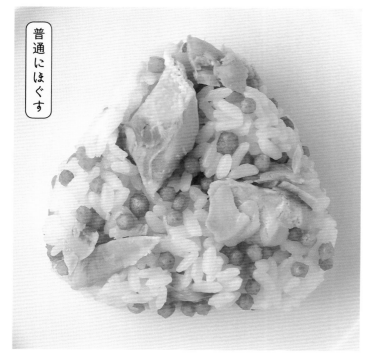

ぶぶあられと
時鮭のおにぎり

材料(2個分)

時鮭の切り身 …… 1/2切れ
ごはん …… 茶碗2杯
ぶぶあられ …… 大さじ2

作り方

1. 切り身は焼いて骨と皮をとり、普通にほぐす。

2. ごはんに**1**とぶぶあられを加えて軽く混ぜ、茶碗1杯分を好きな形ににぎる。

※鮭おにぎりに揚げ玉を合わせると香ばしくコクが出るが、鮭とあられも相性がよい。「ぶぶあられ」は、「岩井の胡麻油」というごま油メーカーが作ったオリジナル品で、お茶漬けにつきもののあられに、胡麻油としょうゆをまぶしてある。中華テイストなので、おこわと合わせてもよい。

紅鮭 × おにぎり

Red salmon

粗くほぐす

紅鮭は長い川を遡る強い鮭。筋肉質なので噛みごたえがあります。おにぎりからのぞく大きな鮭の塊を噛みしめると、旨味がジュワッと口に広がって「これぞ鮭！」と実感できるはずです。

普通にほぐす

紅鮭をちらしたおにぎりは、まるでお花畑のよう。紅
色は食欲をそそり、紅い色素に含まれるアスタキサン
チンは、活性化を促してくれます。紅鮭に秘めたパワ
ーをおすそ分けしてもらいましょう。

紅鮭の甘口 × おにぎり + 食材を加えてアレンジ！
Red salmon

粗くほぐす

紅鮭の茶巾おにぎり

材料(2個分)
紅鮭の切り身 …… 1/2切れ
すし飯 …… 茶碗1杯
茶巾
| 卵 …… 1個
| はんぺん …… 1/4枚
| だし …… 大さじ1
| 砂糖 …… 大さじ1
| 塩 …… 少々
サラダ油 …… 適量

作り方
1. 茶巾の材料をミキサーに入れて、撹拌する。なめらかでもったりした液状になったら、器に移す。
2. フライパンにサラダ油を入れて弱火にかけ、おたまに軽く1杯ずつ流し入れ、まわしながら丸い形に整え、裏表ふんわりと焼き上げる。
3. 切り身は焼いて骨と皮をとり、粗くほぐす。
4. 茶碗1/2杯分のすし飯を丸くにぎる。茶巾で包んでしぼり、**3**をのせる。

※茶巾をしぼるときに、さっと湯がいた三つ葉を使うとよい。

普通にほぐす

チーズのみそ漬けと紅鮭のおにぎり

材料(2個分)
紅鮭の切り身 …… 1/2切れ
ごはん …… 茶碗2杯
プロセスチーズ …… 20g
みそ …… 適量

作り方
1. ラップにみそをのせ、チーズをかたまりのまま真ん中に置き、さらにみそをのせて包み、平たく伸しておく。冷蔵庫に入れて3日以上おく。みそを拭ってさいの目切りにする。
2. 切り身は焼いて骨と皮をとり、普通(チーズと同じくらいの大きさ)にほぐす。
3. ごはんに**1**と**2**を加えて軽く混ぜ、茶碗1杯分を好きな形ににぎる。

※食べるときにのりを巻いてもおいしい。

紅鮭の甘口 ✕ おにぎり + 食材を加えてアレンジ！
Red salmon

細かくほぐす

紅鮭とパプリカのおにぎり

材料(2個分)

紅鮭の切り身 …… 1/2切れ
ごはん …… 茶碗2杯
パプリカ(赤、黄) …… 各1/8個
甘酢
  酢 …… 1/2カップ
  砂糖 …… 大さじ1
  塩 …… 小さじ1

作り方

1. パプリカは縦半分に切ってへたと種をとり、さらに縦半分に切って薄切りにする。塩をふって、しんなりさせる。

2. 甘酢の材料を混ぜ合わせる。1と甘酢をあえ、ビニール袋に入れて空気を抜いて口を閉じ、平らにして冷蔵庫で3日くらい寝かせる。

3. 切り身は焼いて骨と皮をとり、細かくほぐす。

4. 2のつけ汁を絞って、2cmくらいの長さに切る。

4. ごはんに3と4を加えて軽く混ぜ、茶碗1杯分を好きな形ににぎる。

※パプリカのような水分の多い野菜は、濃い甘酢に数日漬けてからおにぎりににぎると、ごはんになじみやすくなる。

角切りにする

はちみつ酢漬けゴーヤと紅鮭のおにぎり

材料(2個分)

紅鮭の切り身 …… 1/2切れ
ごはん …… 茶碗2杯
ゴーヤ …… 1/4本
はちみつ酢(ゴーヤ1本に使用する量)
│ 酢 …… 1/2カップ
│ はちみつ …… 大さじ2

作り方

1. ゴーヤは縦半分に切ってワタを取り除き、1.5mmの薄切りにする。ざるにあけて塩(材料外)をふってなじませ、水をかけてしぼる。

2. 酢にはちみつを混ぜてはちみつ酢を作り、**1**を漬けて一晩以上おく。

3. 切り身は焼いて骨をとり、1cmの角切りにする。

4. ごはんに**2**のはちみつ酢を軽くしぼったゴーヤと**3**を加えて軽く混ぜ、茶碗1杯分を好きな形ににぎる。

紅鮭の中辛 × おにぎり + （食材を加えてアレンジ！）
Red salmon

粗くほぐす

酢蓮と紅鮭の紅白おにぎり
（すばす）

材料（2個分）
紅鮭の切り身 …… 1/2切れ
ごはん …… 茶碗2杯
れんこん …… 適量
甘酢（ピリ辛）
| 酢 …… 1/2カップ
| 砂糖 …… 大さじ1
| 塩 …… 小さじ1
| 輪切りとうがらし …… ひとつまみ

作り方
1. 甘酢の材料を混ぜ合わせる。
2. れんこんは薄くいちょう切りにし、酢少々（分量外）を加えた水に5分ほどさらす。
3. 沸騰した湯に2を入れて3分ほどゆで、ざるにあげる。冷めないうちに1に漬け、一晩以上おく。
4. 切り身は焼いて骨と皮をとり、粗くほぐす。
5. ごはんに3の甘酢を軽くしぼった酢蓮と4を加えて軽く混ぜ、茶碗1杯分を好きな形ににぎる。

※れんこんの穴からの「見通しがよい」ことから、お正月などのめでたい席の一品にも。

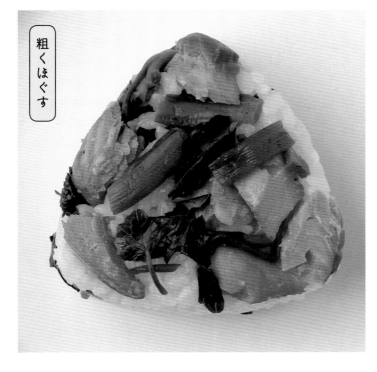

粗くほぐす

花わさびと紅鮭の大人おにぎり

材料（2個分）
紅鮭の切り身 …… 1/2切れ
ごはん …… 茶碗2杯
花わさび …… 2茎
塩、しょうゆ …… 適量

作り方
1. 花わさびは塩でもんで辛くしてから、さっと湯通ししてしょうゆに漬け、1日以上おく。
2. 切り身は焼いて骨と皮をとり、粗くほぐす。
3. ごはんに1のしょうゆを軽くしぼってざく切りにした花わさびと2を加えて軽く混ぜ、茶碗1杯分を好きな形ににぎる。

※まだ寒さの厳しい早春から春先にかけて出まわる花わさび。刺身の薬味に使う根っこの部分から伸びた花茎で、ほころびかけた白い花のつぼみが可憐。すったりもんだりふったりして「怒らせて」辛味を引き出すといわれている。

粗くほぐす

ぶどうの葉包み
チャレンジ紅鮭おにぎり

材料（2個分）
紅鮭の切り身 …… 1/2切れ
酢飯 …… 茶碗2杯
ぶどうの葉（無農薬）…… 2枚

作り方
1. ぶどうの葉は根元の軸を切り落とす。
2. 切り身は焼いて骨をとり、粗くほぐす。
3. 酢飯1杯分を好きな形ににぎる。
4. 1を広げ、3に2をのせて包む。
5. 沸騰した蒸し器で5分くらい蒸しあげる。

※ぶどうの葉包みの寿司は、長野・乗鞍方面の郷土料理。現地では、あつあつのごはんと鮭や鯖などの魚介の酢じめを包んで、自然に蒸されるのを待つという。東京は長野より暑いので、包んだすしを蒸し器で蒸す方法をとる。ちなみに、常温の酢飯と魚を包んで重しをかけ、その後冷蔵庫で一晩寝かせ、葉の香りを酢飯に移してから食べてもよい。ぶどうの葉は初夏の青々としたしなやかなものを使うこと。

粗くほぐす

ずいきの甘酢漬けと
紅鮭のおにぎり

材料（2個分）
紅鮭の切り身 …… 1/2切れ
ごはん …… 茶碗2杯
干しずいき …… 6cm
甘酢（ピリ辛）
　酢 …… 1/2カップ
　砂糖 …… 大さじ1
　塩 …… 小さじ1
　輪切りとうがらし …… ひとつまみ

作り方
1. 干しずいきは30分ほど水にひたしてもどし、さっとゆでてあく抜きして、しぼる。
2. 甘酢の材料を混ぜ合わせる。
3. 2に1を漬け、一晩以上おいてからみじん切りにする。
4. 切り身は焼いて骨と皮をとり、粗くほぐす。
5. ごはんに3と4を加えて軽く混ぜ、茶碗1杯分を好きな形ににぎる。

※ずいきはさといもなどの茎で、干したものは「いもがら」ともいう。

紅鮭 の 中辛 ✕ おにぎり ＋ 〈 食材を加えてアレンジ！ 〉
Red salmon

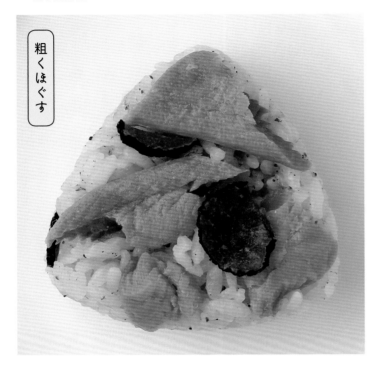

粗くほぐす

紅鮭とトリュフの
炊き込みおにぎり

材料(2合分)
紅鮭の切り身 …… 1と1/2切れ
炊き込みごはん
| 米 …… 2合
| トリュフ …… 5g(1個20gの1/4程度)
| ブイヨン …… 小さじ1
バター …… 12g
粗びきこしょう …… 少々

作り方
1. 米をといでざるにあげてよく水きりをする。
2. 1カップの湯(材料外)にブイヨンを溶かして冷ます。
3. トリュフをスライサーなどでごく薄く切る。
4. 米を釜に入れて**2**と**3**を加え、目盛りどおりに水を入れ、軽く混ぜて炊飯する。
5. 切り身は焼いて骨と皮をとり、粗くほぐす。
6. ごはんが炊きあがったらバター、粗びきこしょう、**5**を加えて軽く混ぜ、茶碗1杯分を好きな形ににぎる。

※サマートリュフは比較的安価で、冷凍であれば少量ずつ何回にも分けて使うことができる。ごはんにトリュフの香りをつけるだけなら、トリュフ塩やトリュフ油を少量混ぜて炊いてもよい。

粗くほぐす

細切り昆布と紅鮭の
しょうゆおこわおにぎり

材料(2合分)
時鮭の切り身 …… 1と1/2切れ
おこわ
| 米 …… 1合
| もち米 …… 1合
| しょうゆ、日本酒、みりん …… 各少々
| 細切り昆布 …… 適量

作り方
1. 米ともち米を合わせてといでざるにあげよく水きりをし、釜に入れて目盛りよりも若干少なめに水を入れる。昆布、しょうゆ、日本酒、みりんを加えて炊飯する。
2. 切り身は焼いて骨と皮をとり、粗くほぐす。
3. おこわが炊きあがったら**2**を加えて混ぜ、茶碗1杯分を好きな形ににぎる。

粗くほぐす

白みそにつけた柚子と紅鮭のおにぎり

材料(2個分)
紅鮭の切り身 …… 1/2切れ
ごはん …… 茶碗2杯
柚子の白みそ漬け(使用するのは皮を少々)
| 柚子…… 1個
| 白みそ……150g

作り方
1. ポリ袋に柚子と白みそを入れて口を閉じ、柚子の表面にみそが行き渡るように外側からなでて、空気を抜き、1カ月以上冷蔵庫に入れておく。
2. 切り身に**1**のみそ大さじ1をぬり、2日間冷蔵庫で寝かせる。
3. **2**のみそをぬぐい、焼いて骨と皮をとり、粗くにほぐす。
4. ごはんに**1**の柚子の皮を薄切りにしたものと**3**を加えて軽く混ぜ、茶碗1杯分を好きな形ににぎる。

粗くほぐす

むかごの炊き込みと紅鮭のおにぎり

材料(2合分)
紅鮭の切り身 …… 1と1/2切れ
炊き込みごはん
| 米 …… 2合
| むかご ……16粒

作り方
1. 米をといでざるにあげてよく水きりをし、釜に入れて目盛りどおりに水を入れ、皮つきのままのむかごを加えて炊飯する。
2. 切り身は焼いて骨と皮をとり、粗くほぐす。
3. ごはんが炊きあがったら**2**を加えて軽く混ぜ、茶碗1杯分を好きな形ににぎる。

※むかごはながいもや自然薯などの蔓になる肉芽。米に比べて粒が大きく重いので、米はコシヒカリなど粘りのある品種を選ぶとよい。

紅鮭 の 中辛 ✕ おにぎり + 食材を加えてアレンジ！
Red salmon

普通にほぐす

新じゃがとくるみの マヨあえと紅鮭のおにぎり

材料(2個分)
紅鮭の切り身 …… 1/2切れ
ごはん …… 茶碗2杯
新じゃがいも …… 小2個
くるみ …… 大さじ2
マヨネーズ …… 大さじ2
こしょう …… 少々

作り方
1. 新じゃがは皮つきのまま半分に切り、ふんわりとラップをかけ、電子レンジで2分加熱する。
2. 1の皮をむいて一口大に切り、熱いうちにマヨネーズとこしょうであえる。
3. くるみは包丁で粗く刻み、フライパンでからいりする。
4. 切り身は焼いて骨と皮をとり、普通にほぐす。
5. ごはんに2、3、4を加えて軽く混ぜ、茶碗1杯分を好きな形ににぎる。

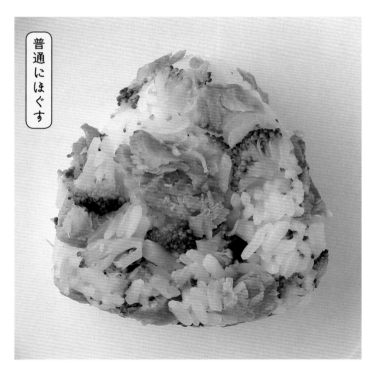

普通にほぐす

紅鮭とブロッコリーの サラダおにぎり

材料(2個分)
紅鮭の切り身 …… 1/2切れ
ごはん …… 茶碗2杯
ブロッコリー …… 2房
オリーブ油 …… 大さじ2
レモン汁 …… 小さじ1
こしょう …… 少々

作り方
1. ブロッコリーの茎の青くかたい部分は削いで取り除き、軸は薄切りにする。
2. 鍋に水を入れて沸騰させ、まず茎の薄切りを入れ、ついで小房を加えて3分ゆで、ざるにあげる。
3. 2を熱いうちにオリーブ油、レモン汁、こしょうであえて冷ます。冷めたら茎はさらに細切りにし、房は粗く刻む。
4. 切り身は焼いて骨と皮をとり、普通にほぐす。
5. ごはんに3と4を加えて軽く混ぜ、茶碗1杯分を好きな形ににぎる。

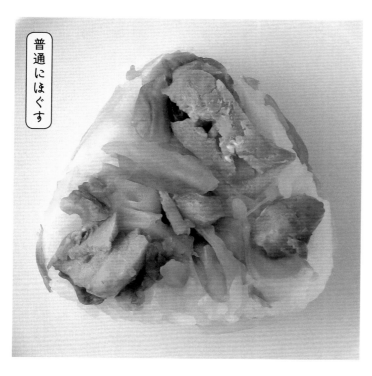

普通にほぐす

塩もみ新キャベツと紅鮭のおにぎり

材料(2個分)
紅鮭の切り身 …… 1/2切れ
ごはん …… 茶碗2杯
新キャベツ …… 2枚
塩 …… 大さじ1/2杯
オリーブ油 …… 大さじ2杯
ワインビネガー …… 小さじ1
オレガノ …… 少々

作り方
1. 新キャベツは芯に近いかたい部分は薄くそぎ切りに、葉は一口大に手でちぎる。
2. 1をざるに入れ、塩をまんべんなくふり、手でもむ。しなっとしたら2〜3分おいて、水でさっと流してかたく絞り、粗く刻む。
3. 2をオリーブ油、ワインビネガー、オレガノであえる。
4. 切り身は焼いて骨と皮をとり、普通にほぐす。
5. ごはんに3と4を加えて軽く混ぜ、茶碗1杯分を好きな形ににぎる。

※新キャベツの時季が過ぎたら、さっと湯通ししてから調理するとよい。

普通にほぐす

かぼちゃとラムレーズンと紅鮭のおにぎり

材料(2個分)
紅鮭の切り身 …… 1/2切れ
ごはん …… 茶碗2杯
かぼちゃ …… 50g
ドレッシング(市販の好みのもの) …… 大さじ2
レーズン …… 大さじ2
ラム酒 …… 小さじ2

作り方
1. レーズンをラム酒に一晩くらいひたす。
2. かぼちゃは1cmくらいの角切りにして、3分ゆでて、熱いうちにドレッシングをかけて下味をつける。
3. 切り身は焼いて骨と皮をとり、普通にほぐす。
4. ごはんに1、2、3を加えて軽く混ぜ、茶碗1杯分を好きな形ににぎる。

紅鮭 の 大辛 ✕ おにぎり ＋ 食材を加えてアレンジ！
Red salmon

粗くほぐす

大辛紅鮭とこごみの
おにぎり

材料(2個分)
紅鮭の切り身 …… 1/4切れ
ごはん …… 茶碗2杯
こごみ …… 6本
ごま油 …… 大さじ1
しょうゆ …… 小さじ1
みりん …… 小さじ1

作り方
1. こごみはさっとゆでる。穂先の丸まった部分はそのままに、軸は切り取ってみじん切りにする。
2. フライパンにごま油を入れて強火にかけ、**1**をさっと炒めてからしょうゆとみりんを加え、弱火にして味をからめる。
3. 切り身は焼いて骨と皮をとり、粗くほぐす。
4. ごはんに**2**と**3**を加えて軽く混ぜ、茶碗1杯分を好きな形ににぎる。
5. 皿にラップを広げ、こごみの丸い穂先を並べ、その上におにぎりをのせ、ラップごと持ち上げて包む。ラップの上からおにぎりにこごみを埋め込むようににぎって形を整え、ラップをはがす。

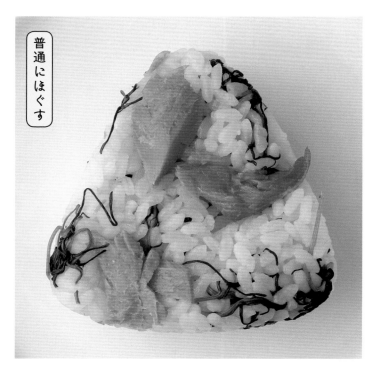

普通にほぐす

大辛紅鮭と
おかひじきのおにぎり

材料(2個分)
紅鮭の切り身 …… 1/4切れ
ごはん …… 茶碗2杯
おかひじき …… 2枝
ごま油 …… 大さじ1
しょうゆ…… 小さじ1

作り方
1. おかひじきは根元のかたい部分を切り、房ごとに切り離す。
2. **1**をごま油でさっと炒めて、しょうゆで味つけする。
3. 切り身は焼いて骨と皮をとり、普通にほぐす。
4. ごはんに**2**と**3**を加えて軽く混ぜ、茶碗1杯分を好きな形ににぎる。

※おかひじきを炒めるときは短時間で仕上げ、鮮やかな緑色とシャキシャキとした歯ごたえを残す。

普通にほぐす

大辛紅鮭の
赤じそ包みのおにぎり

材料（2個分）
紅鮭の切り身 …… 1/4切れ
ごはん …… 茶碗2杯
赤じその塩漬け …… 大2枚

作り方
1. 切り身は焼いて骨と皮をとり、普通にほぐす。
2. ごはんに**1**を加えて軽く混ぜ、茶碗1杯分を好きな形ににぎる。
3. 赤じそより大きな皿にラップを広げ、赤じそが破れないように広げてのせる。数枚使う場合は、合わせて1枚の葉になるようにつなげる。
4. **3**の中央に**2**をのせ、ラップごと持ち上げて包む。ラップの上から再度にぎって形を整え、ラップをはがす。

※赤じそは大きな葉がない場合は、小さな葉を2〜3枚合わせて使う。

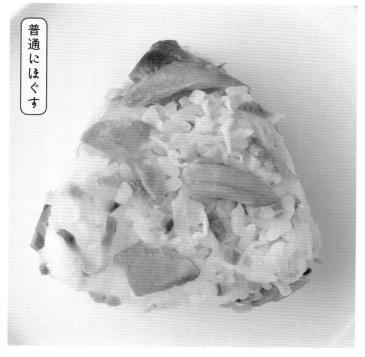

普通にほぐす

カラフル切り干しだいこんと
大辛紅鮭のおにぎり

材料（2個分）
紅鮭の切り身 …… 1/4切れ
ごはん …… 茶碗2杯
切り干しだいこん（白、緑、紫） …… 計1/4カップ
オリーブ油 …… 大さじ1
酢 …… 大さじ1

作り方
1. 切り干しだいこんは30分くらい水にひたしてから、さっとゆでてざるにあげ、1cmくらいの長さに切る。
2. オリーブ油と酢を混ぜ、**1**が熱いうちにあえて、30分おく。
3. 切り身は焼いて骨と皮をとり、普通にほぐす。
4. ごはんに**2**と**3**を加えて軽く混ぜ、茶碗1杯分を好きな形ににぎる。

※切り干しだいこんは1種類でもOK。市販のサラダドレッシングであえてもよい。

紅鮭 の 大辛 ✕ おにぎり ＋ 食材を加えてアレンジ！
Red salmon

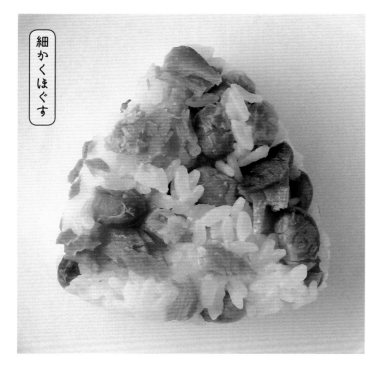

細かくほぐす

鬼打ち豆の炊き込みと大辛紅鮭のおにぎり

材料(2合分)
紅鮭の切り身 …… 2/3切れ
炊き込みごはん
| 米 …… 2合
| 日本酒 …… 適量
| 鬼打ち豆 …… 20粒

作り方
1. 切り身は焼いて骨と皮をとり、細かくほぐす。
2. 米をといでざるにあげてよく水きりをし、釜に入れて目盛りより少し多めに水を入れ、豆と日本酒を加えて炊飯する。
3. ごはんが炊きあがったら**1**を加えて軽く混ぜ、茶碗1杯分を好きな形ににぎる。

※「鬼打ち豆」は大豆を煎ったもので節分にまく豆のこと。

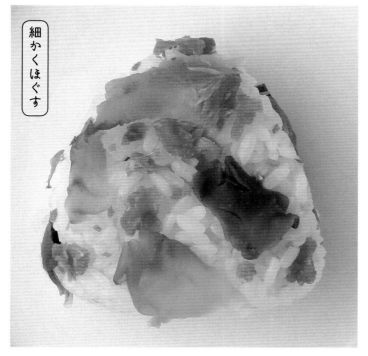

細かくほぐす

ザーサイと大辛紅鮭の中華おにぎり

材料(2個分)
紅鮭の切り身 …… 1/4切れ
ごはん …… 茶碗2杯
ザーサイ …… 20g

作り方
1. 切り身は焼いて骨と皮をとり、細かくほぐす。
2. ザーサイは縦に薄切りにする。
3. ごはんに**1**と**2**を加えて軽く混ぜ、茶碗1杯分を好きな形ににぎる。

※ザーサイと塩鮭は、塩漬けによる発酵が旨味になることが共通点で相性がよい。

細かくほぐす

しらす干しと
大辛紅鮭のおにぎり

材料(2個分)
紅鮭の切り身 …… 1/4切れ
酢飯 …… 茶碗2杯
しらす干し …… 20g

作り方
1. 切り身は焼いて骨と皮をとり、細かくほぐす。
2. 酢飯にしらすと**1**を加えて軽く混ぜ、茶碗1杯分を好きな形ににぎる。

※しらすと鮭はともに魚介類なので、味がぼんやりしないよう、鮭は辛口を使う。しらすの大きさと合わせるように、鮭はできるだけ細かくほぐす。

細かくほぐす

クレソンと
大辛紅鮭の塩麹漬けおにぎり

材料(2個分)
紅鮭の切り身 …… 1/4切れ
塩麹 …… 適量
ごはん …… 茶碗2杯
クレソン …… 2本

作り方
1. 切り身に塩麹を薄くぬって冷蔵庫へ入れ、一晩以上おく。
2. **1**は焼いて骨と皮をとり、細かくほぐす。
3. クレソンはざるに入れて熱湯をかけ、軽く水けをしぼり、1cm幅に切る。
4. ごはんに**2**と**3**を加えて軽く混ぜ、茶碗1杯分を好きな形ににぎる。

※辛口の紅鮭は旨味が強いが、塩辛すぎるという人には、塩麹漬けがおすすめ。それ以上しょっぱくならず、ほんのりとした甘みが加わる。
※クレソンは香草のなかでもとりわけ鮭に合い、噛むほどに鮭の塩味と溶け合って旨味が増す。

紅鮭 の 大辛 ✕ おにぎり + 食材を加えてアレンジ！
Red salmon

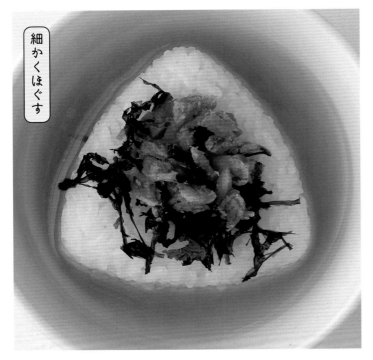

細かくほぐす

冷やし大辛紅鮭茶漬け
焼きバラのりちらし

材料(2個分)
紅鮭の切り身 …… 1/4切れ
ごはん …… 茶碗2杯
焼きバラのり …… 適量
冷たい緑茶 …… 適量

作り方
1. 切り身は焼いて骨と皮をとり、細かくほぐす。
2. 茶碗1杯分のごはんを好きな形ににぎり、ラップで個包装する。
3. 鮭、おにぎり、茶碗、器を冷蔵庫で冷やしておく。食べる直前に、茶碗におにぎりをおき、鮭とのりをのせ、冷たい緑茶を注ぐ。冷たい緑茶はお湯で濃く淹れて氷を加え、急須に用意しておき、食べる人が好みの量を注いでもよい。

※焼きバラのりは、のりを海藻のままの姿で干して焼き上げたもの。板のりに比べるとへたりにくいので、炒めたりスープに入れたりと、料理の幅が広い。お茶漬けに入れてもボリュームが出て華やかさが際立つ。

角切りにする

ごま3種と
大辛紅鮭のおにぎり

材料(3cm大3個分)
紅鮭の切り身 …… 1/5切れ
ごはん …… 茶碗1杯
煎りごま3種類(プレーン、梅、わさび)

作り方
1. 切り身は焼いて骨をとり、細かく角切りする。
2. 茶碗1/3杯分のごはんを小さな丸型ににぎる。
3. ごまを種類ごと皿に入れ、その上で**2**を転がし、まんべんなくまぶす。
4. **3**のおにぎりの頂点に切れ目を入れ、**1**を差し込んでのせる。

※ごまに梅やわさびのような味付けがされている場合は、使う前に空煎りすると、サラサラとして扱いやすくなる。

角切りにする

ビールに合う！
大辛紅鮭のライスボール

材料（5cm大2個分）
紅鮭の切り身 …… 1/5切れ
ごはん …… 茶碗1杯弱
小麦粉、溶き卵、パン粉 …… 適量
サラダ油……適量

作り方
1. 切り身は焼いて骨をとり、角切りにする。
2. 茶碗1/2分のごはんの中心に1を入れ、好きな
かたちににぎる。
3. 2に小麦粉、溶き卵、パン粉をつけて、再度軽
くにぎり、180℃くらいの油で表面がきつね色に
なるまで揚げる。

※パン粉にパセリを混ぜてもよい。辛口鮭の塩味にビー
ルがすすむ。

角切りにする

大辛紅鮭のおにぎり大葉の
ごま油しょうゆ漬け包み

材料（2個分）
紅鮭の切り身 …… 1/4切れ
ごはん …… 茶碗2杯
大葉 …… 4枚
ごま油、しょうゆ …… 適量

作り方
1. 切り身は焼いて骨をとり、角切りにする。
2. 大葉はごま油にくぐらせて、保存容器に重ね
て入れる。しょうゆを加えてフタを閉じ、容器ご
とぐるぐるまわして行き渡らせる。
3. ごはんに1を加えて軽く混ぜ、茶碗1杯分を好
きな形ににぎる。
4. ラップを広げて3をのせ、片側に2をはり、裏
返してもう片側にもはる。そのままラップを巻い
て、食べるときに取りはずす。

※大葉は鮭おにぎりと相性がよく、刻んだり包んだり
いろいろな使い方ができるが、ベストはこれ。鮭の滋
味深い塩味と調和する。

ハラス × おにぎり + 食材を加えてアレンジ！

fatty salmon belly

照り焼きハラスと
すだちのおにぎり

鮭魚醤漬けハラスと
パクチーのおにぎり

材料(2個分)

甘塩ハラス …… 60g
しょうゆ、みりん …… 適量
ごはん …… 茶碗2杯
すだち …… 1個

作り方

1. 保存容器にしょうゆとみりんを入れ、ハラスを漬ける。冷蔵庫に入れて一晩おく。

2. 1を焼き、2cm角に切る。

3. すだちは半分の量を薄くいちょう切りにする。

4. ごはんに残りのすだちをしぼり、2と3を加えて軽く混ぜ、茶碗1杯分を好きな形ににぎる。

材料(2個分)

甘塩ハラス …… 60g
ごはん …… 茶碗2杯
鮭魚醤 …… 適量
パクチー …… 2枝

作り方

1. ハラスは鮭魚醤をからませて30分くらいおく。

2. 1を焼き、2cm角に切る。

3. パクチーはざるに入れて熱湯をかけ、軽く水けをしぼり、3cm幅に切る。

4. ごはんに3を加えて軽く混ぜ、中心に2を入れて好きな形ににぎる。

※魚醤は鮭以外のものでもよい。

ホットスモークサーモンのおにぎり

ハラスと塩漬け生こしょうのおにぎり

材料（2個分）

中塩ハラス …… 60g
ごはん …… 茶碗2杯

作り方

1. ハラスをスモーク（p54参照）し、一口大に切る。

2. 茶碗1杯分のごはんの中心に1を入れて好きな形ににぎる。

※スモークの香りにマッチするディルなどのハーブを飾ってもよい。

材料（2個分）

中塩ハラス …… 60g
ごはん …… 茶碗2杯
塩漬け生こしょう …… 小さじ2

作り方

1. ハラスは焼いて、1cm角に切る。

2. ごはんに1と塩漬け生こしょうを加えて軽く混ぜ、好きな形ににぎる。

※生こしょうは、こしょうの粒を乾燥させずに塩漬けしたもの。ピリッとした辛味が鮭の脂身によく合い、食欲を増進させる。

いくら × おにぎり

salmon roe

いくらをふんだんにトッピングしたおにぎりは、こぼれ落ちる紅いルビーのような一粒一粒にワクワクします。頬ばるほどにプチップチッと口の中で軽快に弾けるのがまた心地よい。

すじこ × おにぎり

salmon roe

すじこのおにぎりは北国のソウルフード。雪のような白飯にすじこの真紅が映え、かぶりつくのが惜しいほど。「降りかかる雪にすじこや陸奥湊」という草間時彦の名句を思い出します。

いくら × おにぎり
salmon roe

1

2

3

4

作り方

1. 茶碗にラップを敷いて、ごはんを茶碗1杯分ふわっとのせる。ラップは蒸気を逃さないので、ごはんの粗熱をとってからのほうがべとつかない。

2. ごはんの中央にくぼみを作り、いくらをスプーンで盛る。時間をおいてから食べるなら、ごはんはひと肌に冷ましてからいくらをのせること。

3. ラップごと左の手のひらにのせ、ごはんを徐々に上のほうに持ち上げ、いくらが中央におさまるようににぎる。

4. いくらが外にはみださないように、そっとにぎって三角形に整える。ラップをはがさず持ち運び、食べる直前にのりを巻く。

コツとPoint

**抜き型を使うと
もっと簡単！**

ごはんの半量を型に敷き詰め、いくらをスプーンで均等にのせ、その上から残りのごはんを平らに詰める。いくらがはみ出ないように、縁1cmくらいの余白を残してのせること。

すじこ × おにぎり

salmon roe

1

2

3

4

作り方

1. p130の**1**を参照。おにぎりの抜き型を使う場合は、ごはんに空気を取り込むような気持ちで、ふんわりと詰めること。

2. よく切れる包丁で、すじこを手早く切る。冷凍品を使う場合は、凍ったまま切り、残りは溶かさずにラップして冷凍保存する。

3. ごはんの中央にくぼみを作り、すじこを箸で盛る。時間をおいてから食べるなら、ごはんはひと肌に冷ましてからすじこをのせること。

4. すじこは切り口から汁がにじみ出るので、強くにぎらないこと。ごはんをふわっとかぶせて、そっと三角形に整える。

コツとPoint

すじこは切らずに
手でちぎる方法も

すじこは切らずにちぎるという方法もある。衛生手袋をはめて、外膜の切れ目部分を手でつまみ、両手で引っ張ると、徐々にばらけていく。

いくら × おにぎり + 食材を加えてアレンジ！
salmon roe

いくらボールの
青のりまぶし

材料（3cm大3個分）
塩いくら ‥‥‥ 10g
ごはん ‥‥‥ 茶碗1杯
アオサ粉 ‥‥‥ 適量

作り方
1. ごはんは器に移し、常温に冷ます。
2. 3等分にしたごはんを丸くにぎる。
3. 皿にアオサ粉を広げ、**2**を転がしてまぶしつける。
4. **3**にいくらをのせる。

※紅色のいくらと緑色のアオサの対比が美しいおにぎり。より鮮やかな色合いの塩いくらを使用する。

いくら＆サーモン＆
ケッパーの盛り盛りおにぎり

材料（2個分）
塩いくら ‥‥‥ 40g
スモークサーモン ‥‥‥ 40g
ごはん ‥‥‥ 茶碗2杯
ケッパー ‥‥‥ 30粒

作り方
1. ごはんは器に移し、常温にする。
2. スモークサーモンは一口大に切る。
3. **1**のごはんにケッパーを加えて軽く混ぜ、茶碗1杯分のごはんの中心にいくらとサーモンを入れて、好きな形ににぎる。

うすい豆の炊き込みと
いくらのおにぎり

材料(2合分)
いくらのしょうゆ漬け …… 120g
炊き込みごはん
| 米 …… 2合
| うすい豆 …… 20さや

作り方
1. うすい豆はさやから出し、さやと豆を合わせてひたひたの水でゆでる。豆がやわらかくなったら、ざるにあげ、ゆで水は捨てずにとっておく。
2. 米をといでざるにあげてよく水きりをし、釜に入れて1のゆで水を目盛りどおりに加えて炊飯する。
3. ごはんが炊き上がる直前に釜に1の豆を入れ、混ぜずに蒸らして仕上げる。
4. 3のごはんを器に移し、常温にする。
5. 茶碗1杯分のごはんを好きな形ににぎり、いくらをまぶす。

※うすい豆は国産のえんどう。グリーンピースで代用してもよい。

こぼれいくらの
アツアツ鮭おにぎり

材料(2個分)
秋鮭の切り身 …… 1/2切れ
ごはん …… 茶碗2杯
いくらのしょうゆ漬け …… 60g

作り方
1. 切り身は焼いて骨と皮をとり、細かくほぐす。
2. ごはんに1を加えて軽く混ぜ、好きな形ににぎる。
3. 2を器に入れ、いくらをたっぷりのせる。

※年に一度の鮭の漁獲期は秋。9月の秋鮭漁解禁に次いで、10月になれば生いくらが北海道と東北から出荷される。この生いくらを使い、しょうゆ漬け(p58〜59参照)する。
※新物秋鮭は塩が浅く、フレッシュな味わい。

3

鮭とごはんの
日本の料理

材料(4人分)

辛塩紅鮭の切り身 …… 1切れ

米 …… 1合

七草(せり、なずな、ごぎょう、はこべら、ほとけのざ、すずな、すずしろ) …… 1パック

作り方

1. 切り身は焼いて骨と皮をとり、細かくほぐす。

2. すずな(かぶ)とすずしろ(だいこん)は葉を残し、粗く刻み、沸騰した湯で、少しやわらかめにゆでる(目安は2〜3分)。

3. 七草のほかの材料は粗く刻む。

4. 米をとぎ、5倍の量の水とともに火にかけ、沸いたら弱火に落としてコトコト煮る。途中、鍋からチリチリとした乾いた音がしたら水を足して、焦げつかないようにする。

5. 20分くらいで火を止め、**2**と**3**を加えて軽く混ぜ、**1**をちらして5分蒸らす。

※鮭は少し辛めのほうが味が引き締まりお粥に合う。紅鮭を使えば色鮮やかになり、塩引きを使えば通好みの渋い味わいになる。

春の七草の鮭粥

1月7日に7種類の葉物を食べる習わしは、ごちそう疲れした胃腸をいたわる意味でも理にかなっています。お粥にしょっぱい鮭を少量加えるだけで旨味がグンとアップして、食欲が戻ってきます。

材料(4人分)

甘塩時鮭の切り身 …… 1切れ
塩いくら ……100g
酢飯
│ ごはん …… 2合
│ 酢 …… 大さじ1
│ 砂糖 …… 小さじ1
│ 塩 …… ひとつまみ
炒り卵
│ 卵 ……1個
│ 砂糖 …… 小さじ1/2
│ みりん …… 少々
│ 塩 …… ひとつまみ
グリーンピース …… 少量

作り方

1. 酢飯の調味料をよくかき混ぜ、炊きたてのごはんに加えて切るように合わせ、うちわであおいで水分を飛ばしながら混ぜる。

2. 切り身は焼いて骨と皮をとり、細かくほぐす。

3. 炒り卵を作る。ボウルに卵を割りほぐし、調味料を合わせる。フライパンで軽く炒って予熱で火を通して仕上げる。

4. グリーンピースは塩ゆでする。

5. 型を用意する。牛乳パックの底から5cmくらいの高さを残して切り取り、中にラップを敷く。ラップはパックの高さからはみ出るように、大きく切り取って使う。

6. 具を詰めていく。**1**を1cmくらいの高さに詰め、**2**を平たくのせる。さらに**1**を1cmくらい詰め、**3**を平たくのせる。さらに**1**を1cmくらい詰め、最後にいくらを平たくのせる。**1**のすし飯を詰めるたびに、ラップを上からのせて押さえてなじませる。

7. ラップごと取り出し、ラップをはずして器に盛る。上に**4**を飾る。

※鮭はマイルドな時鮭を使用したが、種類は好みで選んでよい。子ども向けなら甘塩で。

※塩いくらの冷凍を使用する場合は、前の晩から冷蔵庫でじんわり解凍しておく。

雛祭りの だんだんずし

雛祭りのお膳は、小さな女の子の歓声が聞こえてくるような、かわいいフォルムを考えます。ちらしずしの具に鮭やいくらは定番ですが、菱餅になぞらえ、「だんだんに重ねようね」と、一緒に手作りするのも楽しいものです。

材料（4人分）

酢じめの鮭
| 刺し身用鮭の薄切り …… 12枚
| 塩、酢 …… 少々
酢飯
| ごはん …… 2合
| 酢 …… 大さじ2
| 砂糖 …… 小さじ1
| 塩 …… ひとつまみ
笹の葉 …… 12枚

作り方

1. 酢飯の調味料をよくかき混ぜ、炊きたてのごはんに加えて切るように合わせ、うちわであおいで水分を飛ばしながら混ぜる。

2. 刺し身用鮭の薄切りは両面に塩（分量外）を軽めにふり、5分おく。酢にひたしてさらに5分おく。

3. 1個につき酢飯60gで、長方形で平たい形を作り、**2**をのせる。

4. 笹の葉は洗って水けをきり、根元を切りそろえる。

5. **4**に**3**をのせて、くるくると巻く。

※刺身用の鮭の代わりにスモークサーモンを使用しても。その場合は、酢でしめなくてもよい。

端午の節句の
笹巻き鮭ずし

ちまきは笹の葉や竹の皮に包まれたもち米やお団子。地方によって中身は異なりますが、酢でしめた鮭ずしも、端午の節句のお膳におすすめです。

材料（1尾分）

中辛秋鮭または紅鮭 …… 1尾
ごはん …… 100g
にんじん …… 1本
だいこん …… 1本
キャベツ …… 1玉
しょうが …… 1個
酢 …… 1/4カップ
麹 …… 200g
日本酒 …… 1と1/3カップ
みりん …… 180㎖
砂糖 …… 100g
塩 …… 少々

作り方

1. 鮭は3枚におろし、身は5cm角に切り、酢にくぐらせる。

2. にんじんとだいこんは拍子切り、キャベツは一口大に切り、しょうがは千切りにする。

3. ごはんに麹、日本酒、みりん、砂糖、塩を加えて混ぜる。

4. 大きな丸いポリ容器と内ブタを洗浄しておく。サイズの合うビニールを内側に設置して、鮭、ごはん、鮭、野菜……ごはん、鮭、ごはん、野菜……の順に材料を1/3ずつ交互に重ねていく。

5. ビニールで上を覆い、軽く重しをかけて一晩おく。

6. 徐々に重しを増やして、1週間後に20kgとする。3℃で1カ月熟成させる。

※保管場所が清潔であること、一定温度を保つことが重要です。必ず経験者の指導のもとに作ってください。

鮭の飯（い）ずし

北海道と東北では、飯ずしと呼ばれる伝統的な鮭料理が伝えられています。麹を用いて秋鮭を適度に発酵させ、かつては正月のごちそうとして振る舞われたとのこと。それゆえに地方の気候風土に合わせて、作り方もそれぞれです。

材料（4人分）

甘塩秋鮭の切り身 …… 2切れ
いくら …… 大さじ4
米 …… 2合
三つ葉 …… 好みで
昆布だし …… 2カップ
酒 …… 大さじ2
塩 …… ひとつまみ

作り方

1. 鮭の切り身を凍らせ、骨は包丁で削ぎ落とす。背側と腹側の2つに切り分け、それぞれを半分の厚さに薄切りにする。
2. 米をといでざるにあげてよく水きりをし、釜に入れて目盛りどおりに昆布だしを入れ、酒と塩を加えて炊飯する。炊き上がったら、ごはんをせいろわっぱに移す。
3. 2に1をのせて、3分くらい蒸す。仕上げにいくらと好みで三つ葉などの香り野菜をのせる。

※せいろわっぱを使用しない場合は、皿にごはんを盛り、鮭の薄切りをのせ、蒸し器で蒸す。

※いくらは加熱しても生でも、好みでよい。

秋鮭といくらの
わっぱ飯

わっぱは、杉などの薄板を曲げて作られる丸い木製の器で、昔から弁当箱やおひつとして親しまれてきました。せいろわっぱで蒸し上げられたごはんは「わっぱ飯」と呼ばれ、特に鮭といくらの親子わっぱは、新潟の郷土料理として有名です。

材料(4人分)

刺し身用鮭の薄切り …… 36枚
酢飯
| ごはん …… 2合
| 酢 …… 大さじ2
| 砂糖 …… 小さじ1
| 塩 …… ひとつまみ
みょうが …… 3個
大葉や木の芽 …… 適量
甘酢
| 酢 …… 1/2カップ
| 砂糖 …… 大さじ1
| 塩 …… 少々

作り方

1. 甘酢の材料を混ぜて、みょうがを漬ける。1日以上おき、汁けをしぼって千切りにする。

2. 冷凍鮭のサクを使う場合は、溶ける前に薄切りにする。酢飯ができるまで冷蔵庫で冷やしておく。

3. 酢飯の調味料をよくかき混ぜ、ごはんに加えて切るように合わせ、うちわであおいで水分を飛ばしながら混ぜる。**1**も加えて軽く混ぜる。

4. 1個につき酢飯60gで、手まりのようなコロコロとした小さなおにぎりを作る。

5. まな板にラップを敷いて、**4**を1個のせ、**2**を3枚使って上半分を覆う。ラップで巻き、ラップの上からさらに手の平で転がしてまん丸にする。

6. 器に大葉や木の芽などを敷いて、1人分3個をのせる。

鮭とみょうがの手まりずし

かわいらしく色鮮やかな手まりずしは、味が単調にならないよう、香り野菜をアレンジするのがポイントです。みょうが以外にも、新しょうがやつくしなど、多少苦味のある野菜の甘酢漬けを合わせれば、味を引き締め、大人向けの一品となります。

材料（4人分）

生の秋鮭の切り身 …… 2切れ
鮭のあら（頭、中骨）…… 500g
じゃがいも、たまねぎ、キャベツ ……適量
みそ …… 大さじ2

作り方

1. 鮭の頭と中骨は洗ってざく切りにしてから塩（材料外）をふり、サッと湯通しする。

2. 切り身は1/4くらいの大きさに切り分ける。

3. 野菜は一口大に切る。

4. 土鍋に水を入れ、**1**を加えて火にかける。沸騰したらアクを取り、**3**を加える。

5. 野菜に火が通ったら、**2**を加えてひと煮立ちさせる。

6. 火を止めてみそを溶き、再び弱火で3分煮る。

※塩鮭で作る鍋は三平汁といい、その場合は切り身もサッと湯通しして余分な塩分を落とす。三平汁はみそ味ではなくしょうゆ味である。

※じゃがいもは好みでさといもに代えてもよい。子ども向けにはコーンもおすすめ。ごぼうをささがきにして足すと香りがよくなる。きのこや豆腐を加えてもよい。

※酒粕を加えると、さらに味に深みが出て、体も温まる。

鮭たっぷりの石狩鍋

石狩川はその昔、秋になれば遡る鮭で埋め尽くされたといいます。開拓民たちは、獲れたての鮭の頭でだしをとり、道産野菜を加えて食し、来るべき厳冬に備えたのです。今日では日本中で愛される秋の味覚となり、アレンジも多種多様です。

材料(直径6cmセルクル4個分)

いくら ‥‥‥ 大さじ4
とんぶり ‥‥‥ 大さじ2
酢飯
│ ごはん ‥‥‥1合
│ 酢 ‥‥‥ 大さじ1
│ 砂糖 ‥‥‥ 小さじ1/2
│ 塩 ‥‥‥ ひとつまみ
きゅうり ‥‥‥ 2本

作り方

1. 酢飯の調味料をよくかき混ぜ、炊きたてのごはんに加えて切るように合わせ、うちわであおいで水分を飛ばしながら混ぜる。
2. 製菓用のセルクルで酢飯を抜く。高さは3cmくらいに。
3. きゅうりはスライサーで1本のまま横に薄切りにする。薄く切っておかないと、しなやかに巻くことができない。
4. 3で2を巻き、上にとんぶりを平たくならして盛り、いくらをこんもりとのせる。

※セルクル型がなければ、浅いコップやプリン型にラップを敷いて酢飯を詰め、上をならしてから引っ張り上げる。

※畑のキャビアと呼ばれるとんぶりは秋田名物、ホウキグサの実。プチプチと歯ざわりがよく、食感ならキャビアに負けない。収穫のシーズンは初秋だが、真空パックされたものは秋田県ショップなどで1年中手に入る。

※いくらは塩漬けとしょうゆ漬けのどちらでもよいが、塩漬けのほうが色鮮やかに映える。

とんぶりと盛り盛りいくらずし

ホームパーティーでは、キャビアといくらの豪華盛りといきたいところですが、キャビアは高価なので、代用品としてとんぶりを使います。すしを巻くのりの代わりは、薄くスライスしたきゅうり。翡翠色が映えて美しい一品に。

材料（4人分）

大辛紅鮭の切り身 ⋯⋯ 1/4切れ
丸餅 ⋯⋯ 8個
焼きのり ⋯⋯ 全型1枚

作り方

1. 切り身は焼いて骨と皮をとり、粗くほぐす。
2. 餅はほんのり焼き色がつく程度に焼く。
3. 2に1をのせる。焼き海苔を帯のように8分割してカットし、くるりと巻いて後ろで留める。

※焼くと塩が吹き出る大辛紅鮭の辛さが餅によく合う。

餅と大辛鮭の
磯辺巻き

東日本で、年取り魚といえば鮭。焼き餅もお正月には欠かせない食べ物ですから、この2つがタッグを組めば、最強コンビになることは間違いありません。鮭はうんと塩辛いものを少しだけ。紅白のコントラストを、焼きのりの黒で引き締めます。

山椒の佃煮＆鮭フレーク

材料(作りやすい分量)

甘塩鮭の切り身 ⋯⋯ 2切れ
山椒の実 ⋯⋯ 大さじ2
しょうゆ、酒、みりん ⋯⋯ 各大さじ1

作り方

1. 切り身は焼いて骨と皮をとり、細かくほぐす。
2. 山椒の実は3分湯がいて10分水にさらし、ざるにあげて水をきる。
3. 小鍋に水1/2カップ(材料外)、しょうゆ、酒を加えて火にかけ、**2**を加えて弱火で煮詰める。水分がなくなってきたら、みりんを加えて照りを出し、さらに水分を飛ばして火を止める。
4. **1**を加え、ごく弱火で混ぜ、もう一度、水分を飛ばして仕上げる。

しょうがの佃煮＆鮭フレーク

材料(作りやすい分量)

甘塩鮭の切り身 ⋯⋯ 2切れ
しょうがのみじん切り ⋯⋯ 100g
しょうゆ、酒 ⋯⋯ 各大さじ1
砂糖、みりん ⋯⋯ 各小さじ1

作り方

1. 切り身は焼いて骨と皮をとり、細かくほぐす。
2. しょうがのみじん切りはさっと湯がいて水にさらし、ざるにあげて軽く水けをしぼる。
3. 小鍋に水1/2カップ(材料外)、しょうゆ、酒、砂糖を加えて火にかけ、**2**を加えて弱火で煮詰める。水分がなくなってきたら、みりんを加えて照りを出し、さらに水分を飛ばして火を止める。
4. **1**を加え、ごく弱火で混ぜ、もう一度、水分を飛ばして仕上げる。

山椒の佃煮＆鮭フレーク　しょうがの佃煮＆鮭フレーク

鮭フレークに香り野菜の佃煮を加えると、相乗効果で旨味が増します。市販の佃煮を使う場合は、ほぐした鮭と一緒に弱火で炒りつけましょう。

4

鮭とごはんの
世界の料理

鮭のクネル風バターライス添え

材料(4人分)

甘塩紅鮭の切り身 ……1切れ
卵白 ……1個分
生クリーム ……100㎖
牛乳 …… 適量
白こしょう …… 少々
トマトクリームソース
　トマトソース …… 1/3カップ
　コンソメスープ …… 1/3カップ
　生クリーム …… 大さじ2
粉チーズ …… 少々
パセリ …… 少々
バターライス
　ごはん …… 1合
　バター、白こしょう …… 少々

作り方

1. 切り身は凍らせた状態で皮をむき、骨は包丁で削ぎ落とし、一口大に切る。

2. 1をフードプロセッサーに入れ、卵白、生クリーム、白こしょうを加えてスイッチを入れる。

3. フードプロセッサーを断続的にかけ、かためなら牛乳を少しずつ加え、スプーンですくって落ちない程度に撹拌する。

4. 鍋に湯を沸かし、沸騰しないように火を弱める。3をラップに包んで卵くらいの大きさに丸く形作り、ラップをはずして湯の中に入れ、3分くらい静かにゆでる。そっとざる

にあげて水けをきる。

5. 鍋にトマトソースとスープを入れて温める。火を止めて生クリームを加え、ごく弱火にして混ぜる。

6. 耐熱皿に5を入れ、クネル2個を並べ、粉チーズをふる。250℃のオーブンに5分くらい入れて焦げ目をつける。

7. 6にみじん切りにしたパセリをかける。ごはんにバターと白こしょうを加えて軽く混ぜ、クネルの端に盛る。

※甘塩紅鮭の切り身の代わりに刺し身用サーモンを使ってもよい。その場合は、塩小さじ1/2を加えること。

Swiss

....

昭和のはじめ、横浜にあるホテルニ
ューグランドの初代料理長、スイス
人のサリー・ワイルが考案したドリ
ア。ホワイトソースと相性のよい鮭
を加えて、アクセントにハーブとナ
ッツをちらせば令和版ドリアに。

鮭のドリア

材料(4人分)

甘塩鮭の切り身 ……1切れ
ごはん ……1合
白ワイン …… 少々
ホワイトソース
| たまねぎ …… 1/4個
| マッシュルーム …… 8個
| バター …… 大さじ2
| 小麦粉 …… 大さじ2
| 牛乳 …… 2カップ
| 白こしょう …… 少々
アーモンドスライス、クルミ …… 適量
溶けるチーズ …… 大さじ4
ディル …… 少々

作り方

1. 切り身は骨は包丁で削ぎ落とし、
一口大に切り、ワインをふって蒸し
焼きにする。

2. ナッツ類は細かく刻む。

3. たまねぎとマッシュルームはス
ライスし、バターで炒めて小麦粉を
ふる。弱火にして牛乳を少しずつ加
え、とろみが出たら、**1**と白こしょ
うを加えて軽く煮立て、火を止める。

4. 耐熱皿にバター(分量外)を薄く
ぬり、底にごはんを敷き詰め、**3**を
かける。溶けるチーズをふりかけ、
ナッツとディルをちらす。

5. 250℃のオーブンで、チーズに
焦げ目がつくまで焼く。

※ごはんはかために炊いておく。

クリスマスのトマトライスサラダ

材料(4人分)

スモークサーモン …… 2切れ
米 …… 1/2合
玄米 …… 1/2合
押し麦 …… 大さじ2
トマト(中サイズ) …… 4個
オリーブ油 …… 大さじ1/2
ビネガー …… 少々
塩、オレガノパウダー …… 少々
オリーブ(グリーン) …… 4個

作り方

1. 米、玄米、押し麦は一晩水につけておく。

2. 1をたっぷりの水で20分ゆでる。

3. トマトのヘタの部分を切り取り、中をくり抜く。中身は小さく刻む。スモークサーモンも小さく刻む。オリーブは薄くスライスする。

4. 2は時間がきたら1粒食べてみて、やわらかければざるにあげ、すぐに洗って水けをきる。

5. 時間をおかずに、4を大きめの深皿にあけ、オリーブ油、ビネガー、塩、オレガノを加えて混ぜる。スモークサーモンと刻んだトマトも加え

て混ぜる。

6. くり抜いたトマトに5を入れる。器に盛り、周りに輪切りにしたオリーブをちらす。

スパイシーでミルキーな味わいのタイカレーは、魚介類と相性がよく、サラッとしたスープに鮭のあっさりした脂がよくなじみます。上品な風味の鮭魚醤を加えると、味に奥行きが出て旨味がアップ。

鮭しんじょのココナッツミルクカレー

材料（4人分）

甘塩鮭の切り身 …… 1切れ
ごはん …… 1合
はんぺん …… 1/2枚
トマト（大サイズ）…… 1個
しめじ、たけのこ水煮、おくら …… 適量
ココナッツミルク …… 1カップ
タイカレーのベース …… 大さじ2
しょうが汁 …… 大さじ1
片栗粉 …… 小さじ1
コンソメ …… 大さじ1
鮭魚醤 …… 少々

作り方

1. 鮭の切り身は凍らせた状態で皮をむき、骨は包丁で削ぎ落とし、一口大に切る。
2. 鮭のしんじょを作る。ミキサーに鮭、はんぺん、片栗粉を入れて固形がなくなるまで撹拌する。
3. 湯を沸かし、2をゴルフボール大に手でまるめて3分ゆで、ざるにあげる。
4. トマトはざく切り、しめじとたけのこ水煮は一口大、おくらはタテに半分に切る。
5. 鍋に水500㎖（材料外）、しょうが汁、しめじ、たけのこを入れて強火にかけ、沸騰したら中火に落とし、ココナッツミルク、カレーベース、コンソメを加えて混ぜる。
6. トマト、おくら、3を加え、かき混ぜすぎずに加熱する。
7. 鮭魚醤を加えて火を止める。

※鮭魚醤の代わりにナンプラーを加えてももよい。

China

あつあつの中華おこげごはんに、鮭
たっぷりのあんをかけます。ジュワ
ッとしみていく感じが、心地よくて、
やみつきになりそう。鮭缶はソフト
な薄塩味なので、中華あんによくな
じみます。

鮭缶あんかけ炒飯

材料(4人分)

鮭中骨(缶詰) …… 1缶
ごはん …… 1合
にんじん …… 1/3本
ピーマン …… 1個
はくさい …… 2枚
きくらげ …… 4枚
中華スープ …… 1カップ
日本酒 …… 大さじ2
片栗粉 …… 大さじ1

作り方

1. きくらげは水でもどし、にんじ
ん、ピーマン、はくさいは好みの大
きさに切る。
2. おこげごはんを作る。大きめのフ
ライパンにごはんを広げて、しゃも
じで押しつけて弱火で焦げ目をつけ
る。一口大に割って皿に盛りつける。
3. あんを作る。鍋に中華スープを
沸かし、1、鮭缶、日本酒を静かに
入れて火を通す。
4. 片栗粉は同量の水を加えて混ぜ、
3に加える。
5. とろみが出たら火を止め、熱い
うちに2にかける。

※普通の鮭缶でもよい。汁も捨てずに加
える。
※ごはんは炊きたてよりも冷えているほ
うがよい。
※ボリュームがほしい場合は、一口大の
おこげごはんを油で揚げる。

白ワイン風味の鮭パエリア

材料（4人分）

甘塩鮭の切り身 …… 2切れ
米 …… 1合
あさり …… 20個
玉ねぎ …… 1/2個
しょうが、ポルチーニ（乾燥）…… 適量
グリーンオリーブ、ミニトマト …… 適量
レモン …… 1個
ディル …… 1枝
トマトペースト …… 大さじ1
白ワイン …… 1/2カップ
オリーブ油 …… 適量
白こしょう …… 少々

作り方

1. あさりは塩水（材料外）で砂抜き
をする。ポルチーニは水で戻す（戻
した水は捨てない）。

2. 切り身は4人分にカットし、半量
のワインをふりかける。

3. パエリア鍋にオリーブ油を入れ
て熱し、みじん切りにしたたまねぎ
としょうがを加えて炒める。米を加
え、透き通るまで炒める。

4. ポルチーニを水ごと、トマトペ
ースト、こしょうを加え、水1/2カ
ップ（材料外）と残りのワインをまわ
しかける。

5. 2とあさりを加えてフタをし、あ

さりの殻が開くまで中火で蒸し煮に
する。途中、水分が蒸発したら水（材
料外）をまわしかける。

6. オリーブと半分にカットしたミ
ニトマトを飾り、弱火で水分を飛ば
し、蒸らして仕上げる。

7. くし型切りにしたレモンとディ
ルを飾る。

Italy

....

リゾットはイタリア版おじや。本場
では生米を炒めて炊くそうですが、
日本の米では粘りが出すぎ、炊いた
ごはんで作るほうがさらりと仕上が
り、鮭となじみます。さといもと合
わせると上品な仕上がりに。

鮭とさといものリゾット

材料(4人分)

中辛塩鮭の切り身 …… 1切れ
ごはん …… 1合
さといも …… 2個
ブイヨン …… 1カップ
生クリーム …… 1/2カップ
おくら …… 1本

作り方

1. さといもは皮をむき、塩(材料外)
をふってぬめりをとり、輪切りにし
て串が通る程度に下ゆでする。
2. 切り身は焼いて骨と皮をとり、
粗くほぐす。かなり辛めの鮭でも美
味しい。塩辛い鮭の場合は、細かく
ほぐす。
3. ブイヨンで1を煮て、やわらく
なったらごはんを加え、とろっとす
るまで弱火で煮る。
4. 生クリームを加え、なじんだら2
を加え、ひと混ぜして火を止める。
5. 器に盛り付けたら、薄切りにし
たおくらをのせる。

China

ちまきは中国で生まれた米の蒸し料理。おこわを竹の皮で包む方法は、意外と簡単です。具材は鮭で日本風に。家族や仲間と休日のホームパーティで作ってみましょう。

落花生とクコの実と紅鮭の中華ちまき

材料(4人分)

秋鮭の切り身 …… 1切れ
もち米 …… 2合
生の殻付き落花生 …… ひとつかみ
クコの実(乾物) …… 大さじ2
サラダ油 …… 少々
しょうゆ …… 大さじ1
紹興酒 …… 大さじ1
中華スープ …… 1と1/2カップ
竹の皮 …… 8枚

作り方

1. 竹の皮を15分くらい水にひたす。
2. 生落花生は沸騰した湯で10分くらいゆでる。ざるにあげ、殻をむいて、薄皮はそのままにする。
3. 切り身は焼いて骨と皮をとり、細かくほぐす。
4. もち米をとぎ、20分浸水させてざるにあげる。
5. フライパンにサラダ油を入れ、4を弱火で炒める。透き通ってきたら、しょうゆ、紹興酒、中華スープを加える。
6. 2とクコの実を加えて混ぜ、水分がなくなるまで5～6分煮る。

7. 3を加えて軽く混ぜる。
8. 竹皮で米を巻く。竹皮の根元と葉先を切りそろえ、根元1/3を内側に折って三角を作り、お玉1杯分の米を入れて巻き、竹の皮の端をひも状にさいてしばる。
9. 30～40分蒸す。

※紅鮭は最初から炊き込むより、焼きほぐしを加えたほうが味が混ざらず、上品に仕上がる。

5

酒と鮭の
マリアージュ

しもつかれ

焼酎

節分の豆と新巻鮭の頭を煮込む「しもつかれ」。北関東の郷土料理で、隣近所を食べ歩き、無病息災を願うならわしとか。だいこんを鬼おろしですりおろし、水を一滴も加えず煮上げます。下野（しもつけ）（栃木）の麦焼酎に添えたい寒中の一品です。

材料(4人分)

塩鮭の頭 …… 1尾分
節分の煎り大豆 …… 100g
だいこん …… 1/2本
にんじん …… 1本
ごぼう …… 1/4本
油揚げ …… 2枚
木綿豆腐 …… 1/2丁
酒粕 …… 100g
日本酒 …… 少々

作り方

1. 鮭の頭は2つに割り、さっとゆでて、血合いを洗い流す。
2. だいこんとにんじんは鬼おろしですりおろす。汁は捨てない。
3. ごぼうはささがきにして酢水(材料外)を沸かしてゆがく。
4. 鍋に1、2、3、大豆を入れ、水を加えずに弱火で煮る。
5. 1時間くらい煮て鮭が煮崩れてきたら、細切りにした油揚げと手で粗くほぐした豆腐を加え、さらに弱火で1時間くらい煮る。
6. 酒粕を酒で溶いて加え、水気がなくなり、とろっとするまで煮詰める。

※基本的に、調味料は加えず、素材そのものの味の調和を楽しむ。

温燻スモークサーモンの
オープンサンド

スコッチウイスキー

スコットランドでは、ウイスキーを貯蔵した樽材オークでサーモンをスモークするそうです。ウイスキーオークで燻し、香り立つサーモン。その香りだけでもスコッチがすすみそうですが、雑穀パンにたっぷりのせてオープンサンドで。

材料(4人分)

中塩時鮭 …… 2切れ
いくら …… 大さじ2
雑穀パン …… 2cm厚さ8枚
たまねぎ …… 1/2個
レモン汁 …… 大さじ1
クリームチーズ …… 50g
ディル …… 少々
レモン …… 少々
オリーブ油 …… 大さじ1

作り方

1. 切り身は燻製する(p54参照)。
2. たまねぎは薄くスライスし、オリーブ油とレモン汁でマリネにする。
3. 1の骨と皮をとり、ごく粗くほぐす。
4. 雑穀パンを薄切りし、クリームチーズをぬり、2、3、いくら、角切りにしたクリームチーズをのせ、ディルと小さくいちょう切りにしたレモンを飾る。

鮭の昆布巻

×

日本酒辛口

昆布巻きの芯を鮭の頭や中骨で作ると、昆布だしとの相乗効果でぐんと旨味が濃くなります。こっくり甘辛く煮て、辛口日本酒のアテに。一口味わっては一献傾け、しみじみと味わってはいかがでしょう。

材料(4人分)

塩鮭の頭と中骨 …… 1尾分
昆布 …… 8枚
かんぴょう …… 20g
塩 …… 少々
酒 …… 1/2カップ
砂糖 …… 大さじ2
しょうゆ …… 大さじ2
酢 …… 大さじ1
みりん …… 大さじ2

作り方

1. 昆布は切らずに30分〜1時間、1ℓの水にひたしてやわらくする。もどし汁は捨てない。

2. かんぴょうは水洗いしながら広げ、塩をふりかけてもみ洗いする。塩を流したら40cmくらいに切り分ける。

3. 鮭の頭は縦に刻み、中骨は15cmに切り分け、さっとゆでてざるにあける。

4. まな板の上に昆布を2枚ずらして15cm巾になるように重ねて置く。

5. まな板を縦に置きなおし、昆布の手前上に**3**を置いて巻く。

6. 巻き終えたら均等な感覚で2箇所をかんぴょうで巻いて固結びにする。

7. 4本すべて巻き終えたら、鍋に並べてひたひたに昆布の戻し汁を注ぎ、弱火で1時間煮る。

8. 昆布がやわらかく煮えたら、戻し汁の残りと酒、砂糖、しょうゆ、酢を加えて、さらに1時間を目安に煮る。最後にみりんを加えて水分がなくなるまで煮詰める。そのまま冷まして2本のかんぴょうの間の位置で切り分ける。端を切りそろえると、きれいな形になる。

氷頭なます

×

日本酒甘口

氷頭は鮭の鼻から頭頂にかけての軟骨です。氷のように透き通っていることから「ひず」と呼ばれ、薄切りして酢に漬けるとコリコリと歯ざわりがよく、ついついお酒がすすみます。北国ではおせちの紅白なますに氷頭をあえて、祝い膳に供されます。

材料(4人分)

塩鮭の頭 …… 3尾分
にんじん …… 1/3本
だいこん …… 1/6本
酢 …… 1カップ
甘酢
 酢 …… 1/2カップ
 砂糖 …… 大さじ1
 塩 …… 小さじ1
 赤とうがらし(輪切り) …… 少々

作り方

1. 鮭の頭は2つ割りにして、あごは切り捨てる。
2. 1を刻む。鼻先から目の手前まで、鼻柱を薄切りにする。
3. 2をチャック付きポリ袋に入れ、酢を加え、3日以上冷蔵庫で酢漬けにする。
4. 食べる前日に、にんじんとだいこんをせん切りにし、塩で揉んでしんなりさせ、さっと水洗いし、しぼる。
5. 3をざるにあけ、酢を捨てる。
6. 甘酢の材料を混ぜ合わせ、4と5を加えて混ぜ、冷蔵庫で一晩寝かせる。
7. 器に盛り付け、赤とうがらしを飾る。

燻製サーモンのクロケッテ

×

黒ビール

クロケッテとはドイツのポテトコロッケのこと。燻製した鮭を加えれば華やかになります。黒ビールはローストした麦芽で作るため、スモーキーな苦味が特徴。燻製料理と相性抜群です。あつあつの揚げたてをいただきましょう。

材料(4人分)

中塩鮭の切り身 …… 2切れ
じゃがいも …… 4個
たまねぎ …… 1/4個
フリルレタス、レモン …… 適宜
小麦粉、溶き卵、パン粉 …… 適量
サラダ油 …… 適量

作り方

1. 切り身を燻製する(p54参照)。
2. たまねぎはみじん切りにして、弱火であめ色になるまで炒める。
3. じゃがいもは蒸して、熱いうちに皮をむいてマッシュする。
4. 1の骨と皮をとり、細かくほぐす。
5. 2、3、4を混ぜて丸く形作り、冷蔵庫で30分くらい冷やす。
6. 5に小麦粉、溶き卵、パン粉を順につける。
7. たっぷりの油で手早く揚げる。最初に中火で衣をかため、弱火で中まで加熱すると型崩れしにくい。
8. 器に盛り、好みでフリルレタスとレモンなどを添える。

鮭缶で作る揚げトースト

ビール

鮭の揚げトーストは、戦前に考案された日本の鮭缶料理（『鮭鱒聚苑』より。p186参照）。この埋もれたレシピをエスニック風にアレンジして現代に蘇らせます。タイの人気料理エビトースト風に魚醤をきかせ、タイのビールと合わせます。

材料(4人分)

鮭缶 …… 1缶
薄切り食パン …… 4枚
卵白 …… 2個分
片栗粉 …… 大さじ1
鮭魚醤 …… 小さじ1
サラダ油 …… 適量
スイートチリソース …… 適量

作り方

1. 鮭缶をざるにあけ、汁をきる。
2. 卵白に片栗粉を混ぜて1を加え、よく混ぜて鮭魚醤も加える。
3. 2をパンにぬって、たっぷりの油で3分くらい揚げる。
4. 3をすぐにグリルで軽く焼き、油をきる。
5. スイートチリソースをつけていただく。

※鮭魚醤の代わりにナンプラーでもよい。

鮭のリエット

×

シードル

リエットは豚肉を練って作るスプレッドですが、魚介類でも応用できます。鮭とホワイトソースを練り上げたリエットはクリーミー。さっぱりしたりんご酒、シードルに合わせたくなります。りんごが実る初冬の宵は、ノルマンディー風のマリアージュで。

材料(4人分)

甘塩時鮭の切り身 …… 2切れ
バゲット …… 適宜
グリーンオリーブ …… 適宜
シードル …… 少々
ホワイトソース
｜バター …… 大さじ1
｜小麦粉 …… 大さじ1
｜牛乳 …… 1カップ
｜白こしょう …… 少々

作り方

1. フライパンに切り身2切れを並べて焼き、裏返したらシードルをふりかけ、フタをして3分くらい蒸し焼きにする。焼いたら骨と皮をとる。

2. フライパンを洗い、弱火でバターを溶かして小麦粉をふり入れ、少し練ってなじませたら、牛乳を2〜3回に分けて加え、ダマにならないように練り上げる。最後にこしょうをふる。

3. すり鉢に1を入れ、木べらで力を込めて毛羽立つくらいすり混ぜる。

4. 2に3を加えてペースト状に仕上げる。

5. バゲットにのせていただく。好みでオリーブを添える。

※鮭が焦げ付く場合は、少量の油をひくとよい。

にんにく＆オリーブ香る
鮭アヒージョ

シェリー

スペインの代表的な小皿料理、アヒージョにヒントを得て、オリーブ油で塩鮭をゆっくり煮ます。お酒はスペイン産のシェリー。エッジのきいたキレのある辛口のほうが、ガーリックテイストの鮭には合うように思います。

材料(4人分)

塩引き鮭の切り身 …… 2切れ
にんにく（スライス） …… 1片分
赤とうがらし（輪切り） …… 小さじ1
ローズマリー …… 2枚
オリーブ油 …… 1/2カップ
黒こしょう …… 少々

作り方

1. 切り身は1cm角に切り分ける。
2. 小鍋にオリーブ油、にんにく、黒こしょうを入れ、弱火にして徐々に熱を加える。
3. にんにくがきつね色になったら1を加え、3分弱火で煮る。
4. とうがらしとローズマリーを加えてさらに弱火で2分煮る。

※ローズマリーは1枝を盛り付けてからのせてもOK。
※きのこ（マッシュルーム、しめじ、まいたけなど）を加えてもおいしい。

中華あんかけ茶碗蒸し

紹興酒

中国の茶碗蒸しはジャンボサイズ。食卓の中心に湯気のたった
あつあつが供されるそうです。あんかけのあんに紅色の鮭をち
らして日本風にアレンジ。紹興酒はアイスならオンザロック、
ホットなら温かいジャスミンティ割りでどうぞ。

材料(4人分)

大辛紅鮭の切り身 …… 1/2切れ
卵 …… 4個
だし …… 3カップ
あんかけのあん
　だし …… 1カップ
　薄口しょうゆ …… 大さじ1
　片栗粉 …… 大さじ1/2

作り方

1. 茶碗蒸し用の大きな丼を水でぬ
らし、逆さにして水をきっておく。
2. 卵を割りほぐし、茶こしで2回こ
す。
3. 2にだしを加え、さらに茶こしで
こす。
4. 1に3を注ぎ、アルミホイルでフ
タをする。
5. 蒸し器に水を入れて火にかけ、
沸騰したら4をセットしてフタをす
る。3分後に弱火に落として15分蒸
す。
6. アルミのフタをとって竹串を刺
し、透明な水分が上がってきたらで

きあがり。
7. 切り身を焼いて骨と皮をとり、
細かくほぐす。
8. あんを作る。だしを温め、薄口
しょうゆを加え、水で溶いた片栗粉
を加えて混ぜ、透き通るまでかき混
ぜる。
9. 蒸しあがった茶碗蒸しに7をちら
し、8をかける。

ロシア餃子ペリメニ

×

ウォッカ

シベリアの家庭料理「ペリメニ」はまるで餃子です。肉や魚のすり身を小麦粉の皮に包んでゆで、温かいうちにサワークリームを添えてテーブルへ。合わせるお酒はやはりウォッカ。ジンジャーエールや果実のジュースで割ってもいいですね。

材料(4人分)

甘塩紅鮭 …… 2切れ
たまねぎ …… 1/4個
マッシュルーム …… 4個
カッテージチーズ …… 50g
餃子の皮 …… 20枚
サワークリーム …… 適量

作り方

1. 切り身は骨と皮をとる。
2. たまねぎとマッシュルームは薄くスライスする。
3. 1、2、カッテージチーズをフードプロセッサーでなめらかになるまで撹拌する。すり鉢ですり混ぜてもよい。
4. 餃子の皮の中心に3を置いて対角線で二つ折りし、できれば端と端をつなげて丸い帽子のような形にする。
5. 4を沸騰した湯で3分くらいゆでる。浮いてきたら、そっと引き上げる。
6. サワークリームをつけていただく。

6

鮭の
産地・文化

産地を訪ねてみました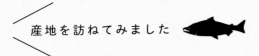

北海道

北海道沿岸を取り囲む秋鮭の定置網。
その北端、猿払の鮭漁を訪ねる。

　私が築地の鮭屋で働き始めた1990年代初頭、市場には鮭があふれていました。秋になれば北海道で漁獲された鮭は塩蔵加工の後、内容重量19.5kgの木箱に各々5尾、6尾、7尾、8尾と仕分けされて、冷凍されます。その箱を満載したトラックが夜中に中央卸売市場に到着し、朝のセリ場に山と積まれました。

秋鮭をめぐる戦後の変遷

　太平洋戦争の終結を契機として、秋鮭漁は戦前の沖獲りから、大型の仕掛け網である沿岸定置網漁へと近代化しました。漁具の進化、とりわけ網が軽量かつ丈夫な化繊に変わったこともあり、定置網はまたたく間に北海道沿岸全域に普及。高度成長期、孵化・放流事業の本格化と相まって、秋鮭の漁獲高は急伸長したのです。戦後30年を経て1970〜80年代には、安定的に量産体制を維持して地元に大きな利益をもたらしました。

　ところが90年代に入ると、天然秋鮭が豊漁にもかかわらず、養殖銀鮭がじわじわと市場を席巻し始めます。その頃の築地の光景といえば、雄々しい天然新巻鮭の隣に、太った養殖銀鮭が陳列されていたものです。私を雇ってくれた先々代が銀鮭のオレンジ色の身を出刃で少し削っては刃先にのせ、お客さんに試食させます。「脂がのっているだろ」「おいしいね〜」。そんな会話が繰り返される頃、私は市場の小僧として修行時代を過ごしました。

　かたや北海道では、しだいにだぶついてきた秋鮭の販路を海外へと切り替えます。工賃の安い中国での冷凍ドレス(ヘッドレスの略：頭と内蔵を除去)加工を経て欧米への輸出が始まります。ここに、日本の鮭市場の今に至るねじれ現象が生じました。日本人は海外の養殖鮭を好み、海外で日本の天然鮭の需要が拡大。おかげで秋鮭の価格暴落には歯止めがかかりましたが、今世紀になると漁獲高に陰りが見え始め、特にここ数年、予想だにしなかった不漁が続いています。

オホーツクの秋鮭定置網漁へ

　鮭漁を実体験したのは、私自身が長年働いた店を引き継ぎ、鮭販売に頭を悩ませていた2016年のことです。東京から国内最北端の稚内空港へ飛び、路線バスを乗り継いで、知人が定置網漁を営む猿払へ。翌早朝、緊張と期待を胸に漁船に乗り込みました。

　定置網は魚にやさしい漁法といわれます。鮭たちは漁獲直前まで、大きな網の中で泳ぎ、そのままそっと引き上げられます。捕獲直後は激しくのたうち、勢い余って甲板に飛び出す魚、まれに力の限り跳躍して海中にダイブする勇者もいますが、船倉の氷水に収められると、まもなくおとなしくなります。夜明け前の出港から朝日を浴びての帰港、そして選別を経て鮭を満載したトラックが出立するまで、私はその行程を一瞬たりとも見逃すまいと目に焼き付けていました。その後、販売の現場に立ちながら「秋鮭とは、毎日食べても、生涯食べても、飽きない魚」と実感し、「天然鮭を販売の中心に据えよう」と、自分なり

北海道秋鮭定置漁業操業期間 (2019〜2023年)

2019年、北海道の秋鮭漁獲高は41年ぶりに5万tを下回る不漁を記録。2020年も2年連続で5万t割れに。近年の海洋状況から鑑みて、今後の急速な資源回復は望めそうにない。

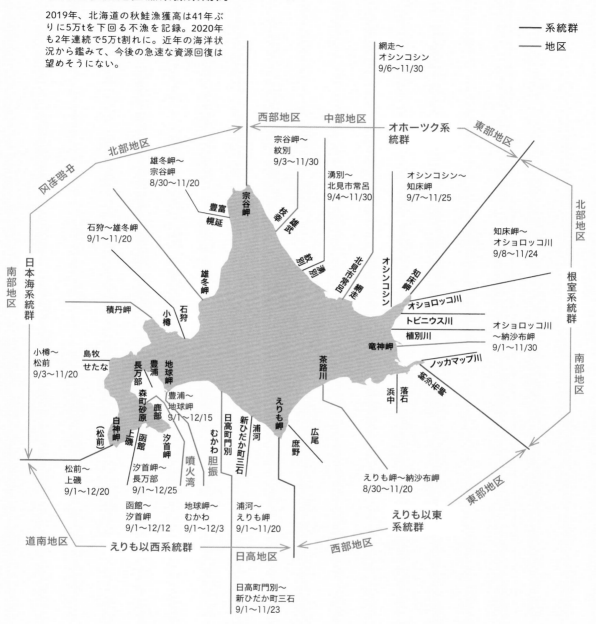

系統群
地区

網走〜
オシンコシン
9/6〜11/30

西部地区　中部地区　オホーツク系統群　東部地区

北部地区

北部地区　　羽幌天売

雄冬岬〜
宗谷岬
8/30〜11/20

宗谷岬〜
紋別
9/3〜11/30

湧別〜
北見市常呂
9/4〜11/30

オシンコシン〜
知床岬
9/7〜11/25

豊富
幌延

宗谷岬

枝幸

雄武

紋別

北見市常呂

網走

オシンコシン

知床岬〜
オショロッコ川
9/8〜11/24

知床岬

石狩〜雄冬岬
9/1〜11/20

雄冬岬

石狩

小樽

根室系統群

オショロッコ川

トビニウス川

植別川

オショロッコ川
〜納沙布岬
9/1〜11/30

南部地区

日本海系統群

積丹岬

島牧
せたな

地球岬

豊浦

長万部

竜神岬

茶路川

浜中

落石

ノッカマップ川

霧多布岬

小樽〜
松前
9/3〜11/20

森町砂原

鹿部

白神岬

上磯

函館

汐首岬

（松前）

むかわ町門別

日高町門別

新ひだか町三石

浦河

えりも岬

広尾

庶野

えりも岬〜納沙布岬
8/30〜11/20

松前〜
上磯
9/1〜12/20

豊浦〜
地球岬
9/1〜12/15

噴火湾

胆振

えりも以東
系統群

函館〜
汐首岬
9/1〜12/12

汐首岬〜
長万部
9/1〜12/25

地球岬〜
むかわ
9/1〜12/3

浦河〜
えりも岬
9/1〜11/20

東部地区

道南地区

えりも以西系統群

日高地区

西部地区

日高町門別〜
新ひだか町三石
9/1〜11/23

の答えに行き着きました。

　猿払との交流は続いています。今年は、魚河岸と縁の深い東京都中央区佃の"こども食堂"で、猿払秋鮭のレシピを考案していただきました。鮭の焼きほぐしに豆腐とやまいものつなぎを加え、スプーンですくって油でか

らりと揚げます。題して「鮭のふわふわ揚げ」。鮭ごはんはしめじと昆布を加えて、ふっくら炊き上げました。丁寧に手作りされた食事は、子どもたちのお腹を満たし、心も温めます。脂があっさりした秋鮭は料理にくみしやすく、合わせた素材の味を引き立ててくれます。

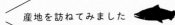
産地を訪ねてみました

北海道

定置網の秋鮭漁に密着しました！

秋鮭定置網漁とは、鮭が遡上する河口に手網と呼ばれるカーテン状の網をしかけておく方法。川へ向かう鮭は手網に沿って泳ぎ、自然に銅網と呼ばれる囲いに誘導されます。銅網の奥にはジョウゴのような入り口があり、入ると落とし網という奥の網に誘われ、後戻りはできません。くるくる回り、捕獲を待つばかりです。

日本最北端、北緯45度31分14秒の宗谷岬から27km南の猿払で、漁船第五十六 榮光丸に乗船する。

9月下旬の夜明け前。ヤッケにゴム長、救命胴衣を重ね着しても、道北の海風が冷たい。

そろそろだな！

定置網に向かい15分ほど沖に走行し、太陽が昇り始めたとき、船主の永井英俊さんがエンジンを落とす。

やっぱり鮭おにぎり！

まずは腹ごしらえ！

移動時におにぎりで腹ごしらえ。具が鮭であることに感動。やはり鮭漁には鮭おにぎりである。

船主のご好意で、網上げに参加させていただく。網の重さを実感、生涯忘れられない思い出に。

かつて「板子（いたご）一枚下は地獄」といわれた漁師の仕事。現代でも、乗船中は一瞬たりとも気は抜けない。

岸壁に横づけされた船から選別用の大きな台に鮭がリレーのバトンよろしく、次々と受け渡される。

待ち構えるのは船長以下、選別を担当する3人のベテラン。オス・メス、大きさ、傷などを瞬時に見分けていく。

スロープから魚は滑り落ちて、コンテナに収められる。海の覇者たる秋鮭が、商品となる瞬間だ。

乗組員は男性ばかり十数名。船べりに1列に立ち、海中の落し網を徐々に手繰り、狭めていく。

網にかかった魚の姿が見えてくると、すくい網で鮭をすくいとっては、動力で船上に引き上げる。

朝日を全身に浴びて、繰り返し網を上げる。親方を筆頭に乗組員が息を合わせ、漁を続ける。

すくい網に1回、20〜30尾がすくいとられる。水中の落とし網にかかっている魚をどんどんすくい出す。

氷を満載した船倉の蓋を開け、網の底を開けば氷水の中に鮭が躍り出る。みるみる船倉は魚で満たされていく。

かたい表情が解けて、豊漁に思わず笑みがこぼれる。すでに空は青みがかり、帰途はエンジン音まで軽快だ。

抜けるような青空に、巨大なトラックが映える。搬送に際しても魚体を傷つけないように、扱いは丁寧である。

トラックの荷台に、次々と積み込まれていく鮭。この後、内蔵除去、塩蔵、冷凍という加工行程へ。

さあ、出発だ。鮭たちは間もなく卸売市場を経て私たち販売者の元へ、そして食卓へと届けられる。

取材協力：猿払鮭鱒漁業（株）

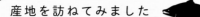
産地を訪ねてみました

村上 新潟県

越後村上は鮭を慈しみ、鮭とともに歩むまち。
伝統料理に込められた郷土愛に感嘆。

**塩引で有名な
村上を知るために……**

　新潟から羽越本線で北上すると、約１時間で村上に到着します。駅に降り立ったのは10月末のこと。里の柿の実が赤く熟れて美しく、思わずカメラのレンズを向けました。

　私は2014年に長年勤めた築地の鮭専門店を引き継ぐと、多様な鮭をそれぞれどのように販売していけばよいのか改めて考えるようになりました。なかでも村上の鮭は、干して仕上げる塩引きで、全国にその名を知られる特産品です。漁業関係者、孵化事業者、加工業者、老舗、鮭料理屋、観光事業者が一体となって地場産業を支えているとかねてから聞いており、東京では知ることのできない土地柄に触れ、鮭を食べ尽くし、自分なりに村上を会得したいと思いました。

　とはいえ、いきなり知り合いの加工業者さんを訪ねるのも気が引け、まずは旧城下町の

メインストリートに繰り出すことに。駅からレンタサイクルで10分ほど走れば、村上藩の面影を今に伝える町並みに行き合います。

　ゆるやかな坂をのぼり、軒を連ねる立派な町家を見上げると、格子戸がはまる二階の軒下に、鮭を吊り下げる梁が見えます。ひと月ほど経って初雪が舞う頃には、尾に荒縄をかけた鮭がずらりと並ぶことでしょう。今は秋たけなわ。市街の北側を流れる三面川に、鮭が還り来る季節です。

**いのちのリレーの現場を見て
思わず動揺**

　自転車で三面川河畔に向かい、橋を渡ると鮭産漁業協同組合の鮭販売所が見えてきました。地元の方々が三々五々訪ねては鮭を買い求めていきます。私もつられて屋内に入り、そこに並べられた鮭を見て驚きました。まっ黒な頭、胴体の腹側は黄色、背はまだらな赤褐色で、ヌラヌラと光っています。見慣れな

地元の小学生が見守るなか、「ウライ」と呼ばれる堰堤（えんてい）の先に小舟が着き、鮭が水揚げされる。

産卵間近の鮭たち。私たちが市場で販売している海の鮭とは姿かたちがまったく異なり、体色も褪せて赤黒い。河畔でオス・メスを仕分けする。

いけれど、不思議と威厳のある姿。産卵期の鮭の姿でした。鮭の孵化事業とは、メスの腹を裂いて取り出した卵にオスの精子をかけ、撹拌して受精を行うというもの。地元の小学生とともに、一連の行程を見学しました。子どもたちは、目を背けることなく鮭の死と生の瞬間を見つめています。村上では子らを鮭っ子と呼ぶそうですが、それは成長して故郷を離れ、大海を泳いで立派な大人となり、やがて地元に貢献することを願ってのたとえなのでしょう。組合は1シーズンに1000万粒を採卵して孵化させて大切に育て、翌春、5cmに成長した稚魚約800万尾を放流すると聞きました。築地で売っている鮭は、遡上する手前に海で獲ったもの、毎日私が切っている日本の秋鮭が孵化事業から命を得ていることをまったく知らず、子どもたちよりも動揺している自分がいました。

鮭博物館で
鮭食べ尽くしの伝統料理に驚く

　孵化場を後にして、対岸の鮭博物館イヨボヤ会館へ。村上では鮭をイヨボヤと呼びます。「イヨ」は古語の魚の読み「いを」（日本書紀）

の方言、「ボヤ」も魚の方言、つまり鮭は魚のなかの魚という意味です。江戸時代、村上藩は種川（鮭が産卵するための支流）を作って鮭の繁殖を助け、明治期には旧藩士が事業を引き継ぎ、孵化事業をスタートさせました。今日に至るまで鮭を絶やすまいと熱い想いを抱く土地ならではのネーミングです。この博物館で、一尾をすべて、身も骨も内蔵すら使い尽くす伝統料理の数々を見学。大切な鮭だからこそ無駄にすまいという執念にも似た強い思いが一皿一皿に込められています。

【 部位別の料理 】
◎頭……鼻軟骨が氷のように透き通っていることから氷頭と呼び、漬けて、煮て、揚げて、歯ごたえを楽しみます。

　氷頭なます、氷頭たたき：鼻軟骨を薄切りした酢漬け。たたきは、みそ、しょうが、ねぎとともに細かくたたく。
　氷頭せんべい、氷頭南蛮：鼻軟骨の薄切りを揚げる、また揚げた氷頭を南蛮漬けにする。
　氷頭の麹漬け、みそ漬け：氷頭に塩をふってから麹、あるいはみそで漬ける。

ウライの両岸に設けられた「おとし籠」から鮭をすくい上げる。江戸時代、三面川の鮭は将軍家に献上された。

三面川では、孵化事業のための一括採捕のほか、伝統の漁法である居繰網漁（いぐりあみりょう）も行われている。孵化場は明治11年に建てられた。

産地を訪ねてみました

村上・新潟県

スッポン煮：頭をぶつ切りし、甘辛く煮る。
ほっぺたみそ：頭や中骨に付いている身を
こそげて煮詰め、甘みそ仕立てにする。

◎**中骨** ……「どんがら」とは中骨を指す村
上特有のユニークなネーミング。
どんがらの甘露煮：中骨の甘辛煮付け。
昆布巻き：中骨と頭を芯にした昆布巻き。

◎**白子、はらこ**……産地ならでは、新鮮な
白子を活かした料理が充実。
はらこのみそ漬け、粕漬け：塩をした後に、
みそ床あるいは酒粕床で寝かせて味を染み
込ませる。
白子の刺し身：薄切りを湯通しして冷水で
〆て、おろししょうがを添える。
白子煮：だしじょうゆでさっと煮つける。
白子のからすみ：ひと塩して一夜干しした
白子を酒粕に漬け込んだ後、再び干して仕
上げる。

◎**内蔵** …… 内蔵をも料理し尽くす。その探
究心には驚かされる。

なわた汁：「なわた」とは鮭の内臓のこと。
根菜、きのことみそ仕立てで鍋に。
川煮：オスの生鮭を内臓が入ったまま輪切
りにし、塩で軽くしめて水洗いした後、み
そ味の煮汁でこっくり煮る。稲わらの上で
冷まし、2～3日間味をなじませてから、
しょうがじょうゆで食べる。
がじ煮：切身、内蔵、はらこすべてを鍋に。
ねぎ、しいたけ、糸こんにゃく、セリを加
えてしょうゆ仕立てに。
どんびこ煮：「どんびこ」とは心臓のこと。
血抜きした後、甘辛く煮上げる。塩焼きで
もよい。
背わたの塩辛：背わたとは腎臓の役割を果
たす背骨に沿った血液の塊。塩を加えて長
期間寝かせ、塩辛にする。めふんともいう。

◎**エラ** …… エラはエラブタの下のモジャモ
ジャとしたブラシ状の部位である。
カゲたたき：「カゲ」は鮭のエラのこと。
血抜きして細かくたたき、ねぎと山椒を合
わせ、みそとみりんを加えてさらにたたく。
カゲなます：血抜きしてからよく焼いたカ

メス鮭の腹が割かれると、ルビーのよ
うな卵があふれ出す。手早くポリバケ
ツに移され、なみなみとたたえられた。

オス鮭が尾を下にしてバケツの
上に掲げられる。両手で腹を押
さえると、ミルクのような白い
液がいくらの上に降り注ぐ。こ
れをまんべんなく撹拌する。

ゲをすり鉢ですって、だいこんおろし、酢みそであえる。

◎皮 …… 鮭の皮のウロコはやわらかいので、切り身にするときにウロコをひかない。塩引きの皮は焼くと丸まるので、一口大に切っておつまみにする。揚げる場合はウロコが跳ねるので注意。

（参考：『さけのごっつぉ　越後村上の鮭料理』イヨボヤ会館発行）

郷土料理店で
鮭料理をフルコースで堪能

　旅の終わりに郷土料理店を訪ね、鮭のフルコースを味わいました。前菜として鮭の「酒（さけ）びたし」が登場します。晩秋に干しあげた塩引き鮭を、冬は寒風に晒し、春以降は日陰で干して半年以上じっくり熟成、7月の村上大祭にいただくという土地の慣習から生まれた一品です。干した鮭はかたく締まっていますが、2mmくらいに薄く切り、地元の酒、〆張鶴を回しかけると、鮭が旨味を吸い、まろやかで濃密な味わいに。こぼれ落ちた酒には魚のエキスが溶け出し、皿まで舐めてしまいたいほどです。新潟のおいしい酒と

の融合で、郷土を代表する逸品に仕上げるところが、村上の真骨頂です。

　メインは塩引き鮭。ぜいたくにも一のヒレ（胸ビレ）が付いたままのカマ部分を、こんがりと焼き上げたものです。この地の正月料理のメインは、年取り魚と呼ばれる焼き鮭で、一のヒレの付いたカマの部分は一家の主に出すと決まっているそうです。なぜなら一のヒレは魚にとって遊泳時にアクセルの役割を果たし、生涯動かし続ける重要な部位。家長の膳にふさわしいからとのことでした。焼き漬け、煮こごり、しんじょ、わっぱめしと鮭三昧のごちそうは、いずれも上品な味付けで盛り付けも格調高く、武家の饗応を受けたようなぜいたくなひとときでした。

　食事を終えて店前の路地からメインストリートに戻ると、秋風が穏やかで余韻を味わいながらそぞろ歩くのによい季節です。かつて大漁の折には「サケであーんす」「折り返しであーんす」と、採卵した後の鮭を町人に配るおふれが響いたそうです。そんな声がどこからともなく聞こえてくるような気がする、鮭のまちの夕暮れでした。

卵から誕生した鮭の赤ちゃん、仔魚は卵黄の栄養を糧に成長。翌春、自力遊泳できる稚魚となれば、放流される。

塩引きを仕込むとき、首吊りを忌み、尾を上にして干す。また腹を割く場合も腹切りを嫌い、一部分の皮をつなげるなど、武家社会村上ならではの風習が残る。

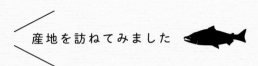

産地を訪ねてみました

郷土料理

鮭の産地に伝わる郷土料理は
手間と愛情をかけた、懐かしい味わい。

**鮭の郷土料理への興味の
きっかけとなった南部鼻曲り鮭**

　三陸の南部鼻曲り鮭に出会ったのは、2014年、東北大震災から3年経った年のことです。築地魚市場にとって主要な産地である東北の被災は他人事ではなく、復興に少しでも役立てばと、有志による交流が続きました。その返礼として岩手県大槌から届けられたのが、この鮭でした。

　当時、私はすでに20年以上築地で鮭を切っていましたが、見たことのない姿かたちに驚きました。オス鮭の鼻柱がぐんと伸び、獣並の鋭い牙が生え、鬼のような形相。首には天日干しするときに吊り下げる荒縄がかけられたままで、目はくぼみ、ヒレはピンと尖って、皮はなめしたかのように鈍い光を放っていました。

　「これ、鮭ですか？」と、思わずつぶやき、包丁を入れたときのさらなる驚きは「き、切れない！」。皮がつるつるで厚く、通常の出刃では歯が立ちません。困って産地の贈り主に電話すると、「パン切り包丁で切ってね」という不思議な答え。言われたとおり、パン切り包丁のノコギリ状の刃で木の皮をむくように、身に刃を差し入れると、意外なほどすっと2枚おろしになりました。身の色は紅というより白に近い。焼いて思い切り頬張ると「くさや!?」鼻腔をくすぐる芳香、歯ごたえのある身質、噛みしめるほどに脳裏に爪痕をのこすような奥深い味わいでした。

　「南部」は現在の岩手県中部から青森県東部

にまたがる南部藩の意。北三陸沿岸に近づいて来たオスの成鮭を漁獲し、一旦塩漬けし、余分な塩を抜き、表皮を磨き上げて寒風に晒して干しあげるという、手のかかる方法で作られる保存食です。この鮭との出会いを機に、産地で愛され続ける鮭の郷土料理を探し、また自分でも倣って作るようになりました。

**浜のかあちゃんの飯ずし、
東京で再現なるか？**

　東北と北海道沿岸の家庭では、冷蔵庫がない昔から、秋に獲れた鮭を使い、正月のごちそうを作る習わしがありました。飯ずしといわれる鮭とごはんの漬け物で、乳酸発酵によって保存を可能とする「なれずし」の一種です。北国では歳末になれば気温が降下し、飯ずし作りの適温である5℃以下になります。このタイミングで、塩漬けにした鮭に、発酵を促す麹を加えたごはんをかまして、風味付けにキャベツやにんじんなどの野菜を一緒に漬け込みます。当時は殺菌作用のある笹の葉を木樽に敷き詰め、材料を積むようにきっちり詰め込んで笹で蓋をして重しをのせ、雨風が当たらない納屋でひと月ほど醸成しました。私の義姉が八戸出身で、今も正月料理の一品としてこの飯ずしを作ります。鮭の年もあればサンマの年もあり、作り方を教えてと頼むと、「暖冬の東京ではまず無理」と言われていましたが、昨年冬、思い立って作ることにしました。

　鮭の産地であり、飯ずし作りを伝承している北海道歯舞漁協の御婦人方に電話で作り方

飯ずしを作る

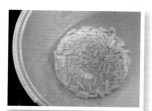

❺ 漬ける桶を用意し、拍子切りしただいこんを並べる。

❿ 刻んだしょうがをのせ、4をおたまで1杯、まんべんなく回しかける。

❶ 炊いたごはんが冷めないうちに麹を混ぜ、砂糖も加えてまんべんなくかき回す。

❻ ちぎったキャベツと拍子切りしたにんじんを上に並べる。

⓫ 5〜10を分量に応じて3〜4回繰り返す。最後に余った野菜をすべてのせる。

❷ 日本酒を加えて混ぜる。手早く次々に材料を混ぜ合わせていく。

❼ 4をおたまで1杯、まんべんなく回しかける。

⓬ 厚めのビニールをかぶせて空気を抜き、上に内蓋をのせて押さえ、密閉状態にする。

❸ みりんを加えて混ぜる。大きめの鍋やボウルなどで混ぜ合わせたほうがよい。

❽ 塩鮭は二枚おろしにした後、骨をとって一口大に切り、酢を通したものを使う。

⓭ 同じ桶を上に重ね、中に重しを入れるとよい。重しは漬かるほどに増やしていく。

❹ あらかじめ小さめにカットしておいた昆布を加え、ひとまずおく。

❾ 切り身は弧を描くように並べる。すき間を作らないように敷き詰めること。

⓮ 温度管理を怠らず、定期的に味を確認し、ひと月後に完成（分量はp139に記載）。

産地を訪ねてみました

郷土料理

を教わり、漬ける前に塩鮭に酢をかませること、また保管の温度帯に注意するように念押しされたので、東京で気温が下がる1月中旬まで待ちました。それでも、5℃を上まわる日が続いたので、築地の魚料理人仲間に相談し、大きな発泡スチロールに氷をたっぷり張ってその中に樽を埋め、一定温度（1〜5℃）を超えないように保ちました。ひと月間、毎日氷を取り替え、2月の半ばにようやく鮭と野菜がほどよくなじみました。天然醸成による酸味と塩味、甘味が鮭を包み込み、野菜には魚の旨味がじんわりしみています。寒い日の酒の肴にもってこいの発酵食品で、長く北国で正月の祝い膳に供されたことに納得がいきました。遠い歯舞に喜びの報告をし、築地では完成を祝い、皆で食卓を囲みました。

奈良・吉野の柿の葉ずしを
岩手・大槌の鮭で作る

　初夏になり、岩手大槌から一尾の生鮭が届きました。南部鼻曲りとは対極の養殖鮭で、ふっくらとしてウロコが銀色に輝き、鼻先は丸みを帯びて優雅で穏やかな顔つきです。近年東北では秋鮭の不漁が続き、大槌でも今後へ向けて、銀鮭の養殖をスタートさせたのです。大槌のチャレンジに、築地は料理で応えたいと思い、柿の葉ずしを作ると決めました。飯ずしを作った仲間と、まず魚の味を知るために刺し身で食べてみます。皮付きのままさっと表面を炙ると香りが立ち、生鮭ならではの食感がひきたちます。塩をふって一晩寝かせてから再度薄切りにすると身が適度に締まって旨味が増しています。さらに酢でしめて一晩置くと、押しずしにちょうどよい塩梅になりました。

　柿の葉ずしは、もともと奈良県吉野の郷土料理として知られています。トラックも発泡スチロールもなかった時代、北陸で獲った鮭と鯖は、腐敗を防ぐために塩漬けされたうえで、若狭街道を南下して京都と奈良へ運び込まれました。山里の人々は、貴重な海の幸ですしを作り、ハレの日のごちそうとしました。柿の葉で包むことで菌の繁殖を防ぎ、野趣あふれる葉の香を楽しんだのでしょう。

　私たちはこの伝統料理をベースに、生の鮭ならではのフレッシュな味わいを活かし、柿の葉は若葉を使い、軽やかに仕上げました。酢飯を一口大ににぎり、酢でしめた鮭の薄切りをのせて柿の葉で包み、竹皮を裂いた紐で結んだらバットに並べ、軽く重しをかけて一晩置いて味を落ち着かせます。

　翌日、いよいよ待望の試食です。一人ひとりの手の中で、艶やかな深緑の葉がほどけ、鮮やかな赤色がこぼれると、歓声が上がります。老いも若きも顔をほころばせる様子に、いにしえの吉野の人々の笑顔が重なるような気がしました。令和の時代、岩手の鮭で奈良の郷土料理を作り、東京で食す。鮭は時を超え、地域を結びます。

　各地のさまざまな鮭料理を追体験したいという思いは今も変わりませんが、産地でしか作れない料理もあります。たとえば血腸の塩辛「めふん」や白子の煮付けは、内蔵だけに鮮度落ちが早く、他所者には難しいことがとわかりました。

ふるさとの味を追い求め、
鮭の大助伝説に出会う

　郷土の食を訪ね歩くと、その土地に伝説や物語が現存していることを知ります。とくに鮭は精霊として人々の暮らしに長く寄り添ってきました。岩手は遠野物語で知られる昔語

りの宝庫です。今に伝わる「鮭の大助」伝説（「聴耳草紙」第九九番）は、大鷲にさらわれ、大鮭に乗って故郷に帰った男が、後に鮭の漁場争いの折に自らの命を犠牲にして人々をいさめ、その死を悼んで漁場争いが絶えたというもの。東北各地に似た大助伝説があり、豊

漁を祝い、乱獲を戒め、感謝の気持ちを物語にのせて語り継いでいます。福岡県嘉穂町に鮭神社があり、「鮭の使徒伝説」が残っていることには驚きました。鮭は北の魚ですが、遠い昔、九州に泳ぎ着いたことがあるのかもしれません。

柿の葉ずしを作る

❸ 酢で〆てもう一晩寝かせる。再び味を確かめて調整してから、均一な薄切りにする。

❻ 木型があれば、すき間なく詰めて押し、木型がなければ平らなお盆などにラップをかけてきっちり並べる。

❶ 生鮭の場合、必ず生食可能な鮭を使う。内蔵を除き、三枚おろしにして、肋などの骨を削ぎ落とす。

❹ 酢飯はひと肌に冷まして、小ぶりににぎる。上に薄切り鮭をのせて形を整える。

❼ 平らなお盆がもう一枚あれば上にのせ、押すかわりに輪ゴムをぴっちりかけて固定する。

❷ 皮をひいて塩をふると水分がにじみ出る。ラップして冷蔵庫で一晩寝かせ、味を確かめて好みの塩加減に調整する。

❺ 柿の葉で包む。小さめの葉なら2枚ではさみ、大きめの葉なら折りたたんで包み、竹皮紐で結ぶ。

❽ 数時間から一晩、冷暗所に置いて味をなじませる。冷蔵庫で保管すると米がかたくなってしまうので避けたほうがよい。

料理協力：築地魚政

産地を訪ねてみました

鮭の郷土料理全国マップ

北海道、新潟　鮭魚醤
鮭をしょうゆ麹で仕込んだもの。いわしの魚醤より癖が少なく、上品な仕上がり。色は薄く、塩分は濃く、すっきりした味。

北海道、新潟　めふん
鮭の背骨に沿って走る血の塊は腎臓。新鮮なうちに塩漬けすると、黒くねっとりした珍味に。産地で加工され、びん詰めで売っている。

新潟、北陸　はらこめし
わっぱという杉の薄板を曲げて作った器に、すし飯を詰め、鮭といくらの親子をのせて蒸す。越後・越中の郷土料理として有名。

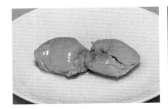

新潟　鮭の白子煮
オス鮭の白子（精巣）は甘辛い煮付けがポピュラーだが、肝臓や胃袋と一緒に煮付ける「なわた煮」も村上ならではの珍味だ。

北海道、東北、北陸　飯ずし
いわゆる江戸前ずしではなく、冬季に低温で乳酸発酵させたなれずし。鮭、米、麹を重ね、自然な甘みと酸味を醸成させる。

新潟（村上）　村上塩引き
新潟県村上の代名詞ともいえる塩引きは、鮭に塩をして、その後塩を抜き、干し上げるという手間が、旨味を醸成する逸品。

新潟（村上）　さけびたし
村上塩引きをさらに陰干して凝縮。2mmくらいに薄切りし、日本酒とみりんをかけて食べる。日本酒のアテにもってこい。

北陸、関西　柿の葉すし＆笹すし
奈良県吉野で祭礼の日のごちそうに手作りされた柿の葉ずし。笹ずしは石川県金沢のおもてなし料理。ともに見た目が美しく風雅。

北海道、北東北 鮭とば

鮭の身を縦に細長くカットし、干し上げた保存食。噛みしめるといくらにも似た旨味が広がる。冬葉と書いて「トバ」という説も。

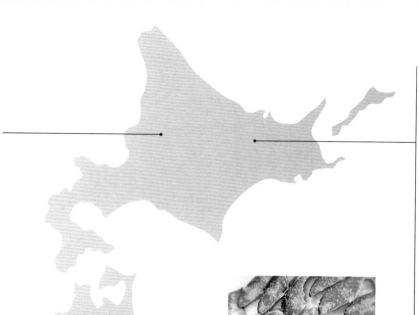

秋田 ぼだっこ

秋田人は「ぼだっこ」と呼ぶ塩辛い紅鮭がお好み。海を越えればロシアが近く、昔からロシア海域の紅鮭が流通していたからか？

北海道 ひれさけ

鮭のヒレを洗って干し上げ、よく炙って日本酒の熱燗に入れ、香りを楽しむ。北海道の鮭釣り人がマニアックに手作りしているとか。

岩手 南部鼻曲り鮭

産卵期が近づくとオス鮭は鼻がぐんと伸びて曲がって見えるので、この名がついた。脂もほどよく落ちて、干し鮭に適している。

北海道 三平汁、石狩鍋

三平汁は生鮭、石狩鍋は塩鮭で作る鮭鍋。北海道の秋冬の味覚として最もポピュラー。じゃがいもやキャベツなどの具材を入れる。

福島 紅葉漬け
（こうよう）

鮭の身を薄切りして麹に漬け込むと、熟成してまろやかな味になる。色合いが紅葉のように美しいことから名付けられた名品。

絵で見る鮭のエトセトラ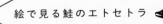

文化、芸術と鮭

鮭の雄姿や波乱に富む生涯は、人の心を揺さぶり、創作意欲を掻き立ててきました。古今東西の絵画、文学、音楽、造形などに登場する「鮭」たちを訪ね歩きましょう。

【絵画】
北斎の鮭、由一の鮭

　日本で出土された最古の鮭絵は石器時代中期のもので、滑らかな大きな石に石小刀で刻まれた線画です。この魚形文刻石は、1953年に秋田県南部由利本荘市の河川流域から発見され、地元では「鮭石」の愛称で呼ばれています。

　人は長い歴史の中でさまざまな鮭を描いてきました。室町時代の画僧、祥啓（しょうけい）（1400年代生まれ）は、モノクロームな水墨画で水草に憩う2尾の鮭を描きました。江戸時代の絵師、長沢芦雪（1754年生まれ）の描いた墨絵はちょっとユーモラスで、軒に吊るした塩鮭からいたずらっこのねずみがちょこんと顔を出し

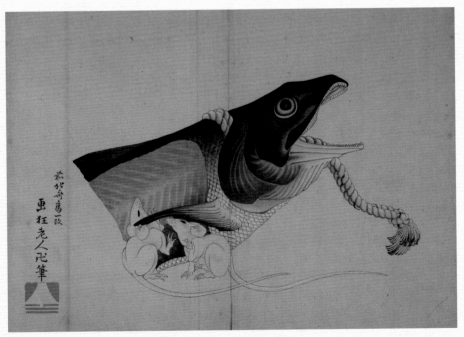

肉筆画帖より「塩鮭と白鼠」。飢饉のときに描かれ、わずかな食べ物も食し、生き延びようとした強い意思が感じられる作品。北斎には、もうひとつ鮭を描いた肉筆画「椿と鮭の切り身」がある。
写真：北斎館

ています。

芦雪と同世代の浮世絵師、葛飾北斎（1760年生まれ）が描いた鮭にも、ねずみが配されているのは偶然でしょうか？「肉筆画帖」は、北斎が1830年代の天保の大飢饉の折、休業をよぎなくされた版元と一計を案じ、画集として売り出したもの。全10作品の最終図である「塩鮭と白鼠」は、鮭の身の赤と白ねずみのコントラストが美しい秀作です。

首に縄をかけられた鮭は、カッと口を開いて、目は虚空を凝視しています。飢饉となれば、人どころかねずみも痩せて腹をすかせ、乳を求める幼子のように鮭の腹に口を寄せています。鮭は人里に生きる多様な命を養う守護神のようにも見えます。

時代は明治へ移り、絵画の世界にも西欧の風が吹いてきました。日本最初の洋画家と呼ばれる高橋由一（1828年生まれ）は、維新前は侍でした。西欧の油絵を学ぶ機会を得て洋画に傾倒しても、作品には紛れもなく日本が描かれていました。由一もまた北斎と同じく日本の原風景である新巻鮭を描いたのです。照りのある油絵具で描かれた鮭の身は赤黒く、皮にはシワが寄り、まるでそこに本物の鮭が吊るされているかのよう。この作品は、時代を超えて今なお見る者に強い印象を与えています。

今日、北斎や由一が描いたような鮭を日常的に見ることはなくなりました。干し上げられた鮭の姿は産地や魚市場など限られた場所にしかなく、子どもたちは鮭の雄姿を知ることなく大人になります。それでも、私たち現代人がいにしえの画人たちの作品に強い郷愁を覚えるのは、先祖代々、鮭を食し、鮭に生かされてきたからにほかなりません。

高橋由一は繰り返し鮭の姿を描いた。東京藝術大学所蔵のこの「鮭」のほか、山形美術館と笠間日動美術館にも異なる「鮭図」が収蔵されている。
写真：東京藝術大学大学美術館/DNPartcom

【本】
動物文学の鮭 『鮭サラーその生と死』

　1935年、英作家ヘンリー・ウィリアムスンが『鮭サラーその生と死』（原題：Salar the Salmon）を発表しました。川畔に住む著者が20年の観察を経て紡いだ動物文学で、開高健をして「これはもう絶品としかいいようがない」と言わしめた大作です。

　古代ローマ人は暗礁のそばに集まる魚をサラー、すなわち「跳躍者」と名付けたそうです。ウイリアムスンは、大洋から帰還した鮭の群れの中で、とりわけ大きく、月に向かって跳躍した雄の鮭をサラーと名付け、まるで共に泳いでいるかのように、リズミカルに筆を走らせます。川で生まれて海へ旅立ち、回遊した後にふるさとへ帰還する鮭の生涯を精緻な描写で綴り、著者が生きた20世紀イギリス南西部の自然環境をも語り伝えています。

　一言で鮭といっても鮭鱒の種類はとても多く、それぞれ生態は異なります。また、現代では食用となる鮭は人工孵化や養殖という人が介入した形での生涯を送ります。感動だけで鮭を語るには複雑すぎる時代となりました。原点的な鮭の姿は、もはや物語の中でのみ息づいているのです。

同書を讃えた開高健もまた『フィッシュ・オン』など鮭釣文学を遺す。

【本】
時代を映す鮭専門書

　『鮭鱒聚苑（けいそんじゅえん）』という古い本があります。東洋製罐という鮭の缶詰メーカーの副社長松下高と食料品店の経営者高山謙治の共著で、700ページにもわたる大作です。業界人の情熱で集めた鮭知識がギッシリ詰め込まれ、戦前の鮭漁の貴重な記録でもあります。昭和17年刊行の初版本は、なんと背表紙が鮭のなめし皮で装丁され、出版への思い入れの強さが伝わってきます。戦時中にもかかわらず、和洋を問わず鮭の料理が紹介されており、よく軍部の検閲に引っかからなかったと思います。

　戦後の名著は『日本のサケ』です。著者の市川健夫は農業地理学者で、フィールドワークで訪れた東北・北海道で鮭の生態に触れて強い関心を持ちます。昭和50年前後の執筆当時、日本の漁業は200海里時代を迎え、鮭の孵化放流事業にも陰りが見え始めていました。情熱を秘めながらも学者ならではの客観的視点で、日本人と鮭の長い歴史を踏まえ、戦後鮭史をまとめています。

　平成最終年である2019年には、環境社会学・環境倫理学を専門とする福永真弓著『サケをつくる人びと　水産増殖と資源再生』が登場。持続可能な未来社会へ向けて、水産業のあり方に一石を投じる力作です。

【民芸】
鮭をめぐる北海道民芸と芸術

　木彫りの「鮭を咥えた熊」は、昭和40年代のヒット商品でした。戦後復興が一段落した後に訪れた北海道旅行ブームにのり、おみやげ品として全国に届けられ、日本中の家庭の玄関や応接間に飾られました。

　発祥は明らかではなく、一説には函館と室蘭の中ほどにある八雲町から生まれたといわれています。明治維新後に八雲に移住した尾張藩の旧藩士の暮らしをおもんばかり、旧藩主徳川慶勝が農民たちに木彫りをすすめ、昭和初期に農村美術工芸品として開花したという記録があります。

　一方、旭川には昭和元年にアイヌの松井梅太郎が取り逃がした熊に着想を得て手彫りした熊がきっかけとなり、やがて観光みやげとして脚光を浴びるという流れがあります。木彫芸術家砂澤ビッキは、こうした時代を背景に1931年旭川で生まれました。当初はアイヌ民芸を手彫して技を磨いていましたが、後年、鮭、フクロウ、ザリガニなどアイヌの神々を独自のスタイルで抽象化し、数多くの芸術作品を創出しました。そのひとつひとつが、生き物や自然への畏敬の念を物語っています。アイヌの精神を継承し、現代芸術に昇華させたビッキの作品は、現在、音威子府村の砂澤ビッキ記念館に収蔵されています。館内には若き日に手彫りした木彫の熊も展示されています。

砂澤ビッキの代表作「樹鮭」。
写真：音威子府村役場

鮭の皮をなめして作った衣装。
写真：国立民族学博物館

【衣】
鮭皮ファッション

　アイヌの言語学者、知里真志保によれば、「獣鳥虫魚介草木火月星辰みな神である」とのことです。では鮭は、どのような神だったのでしょうか？アイヌ語で鮭は、「カムイ・チェプ（神魚）」と言い、魚を支配する神の持つ袋に入っているのだそうです。もし人間が神に不敬をはたらくと袋の口は開かず、飢餓となるのです。かつて極北の地では、鮭が主食であり、皮は衣類や靴に重用されました。剥いだ皮をなめす工程は、まず皮を板に張って干しておき、表面には干した筋子を水にうるかした液を塗って再び干し、その後槌で叩いてやわらかくした後、鱗をこそげ落とすという複雑なものです。このように丹念に作られた衣や靴は、今は博物館でしか見ることができません。

　ところが、鮭の皮を衣類に加工する方法は、完全に忘れ去られたわけではありません。今日、北欧の小さな工房などで、鮭皮をなめし、iPadケース・バッグなどの革製品を手作りする職人がいます。現代に蘇った鞣しの技術は、世界的ブランドも認めていて、フェラガモがシューズを、リーボックがスニーカーを発表しています。使用されている皮は、昔と同じ、食用鮭の副産物です。サスティナブルな時代の鮭皮ファッションに、大いに期待したいものです。

明治の文豪と鮭

明治の文豪は鮭がお好きだったようです。

江戸っ子の夏目漱石は『吾輩は猫である』の中で、「しゃけの一切や二切で相変わらずたあなんだ」と、車屋の黒という猫に啖呵を切らせています。猫も漱石同様、江戸っ子で歯切れがよいようです。

当時、鮭は日常の食卓に欠かせない存在だったと思われます。

谷崎潤一郎も江戸っ子ですが、関東大震災以降、執筆の場を関西に移し、『陰翳礼讃』の結びで、奈良・吉野に伝わる柿の葉鮨の旨さを礼賛しています。日本の美は陰翳にありと滔々と語る中で、「…鮭のアラマキを薄く切り、それを飯の上に載せて、その上から柿の葉の表を内側にして包む」と作り方を事細かく紹介し「今年の夏は、こればかり食べて暮らした」と。実はこの作家、稀代の美食家です。古今東西の食を極めた後に、地方に伝わる素朴な田舎の鮭ずしとの邂逅を果たすことになるのです。

明治の文豪たちの創作にも一役買うアラマキ＝塩鮭の底力、恐るべしと言えましょう。

夏目漱石著『吾輩は猫である』(左)、谷崎潤一郎著『陰翳礼讃』(右)。

写真：新潟県村上地域振興局

和歌・俳句・川柳と鮭

鮭と日本人は、縄文の頃からの長い付き合いです。故郷から大海に出て成長し、再び故郷へ帰還し、産卵とともに死に至る鮭を自らに重ね合わせ、心震わせた人々により、多くの詩が生まれました。出典は不明ですが、すでに昔の古歌に鮭は詠まれています。

「きのふたち けふきて見れば 衣川 すそほころびて さけのぼるなり」

江戸時代になり、芭蕉も鮭を詠みました。

「雪の朝独り干鮭をかみ得たり」

「乾鮭も 空也の痩も 寒の中」

いずれも干した鮭に発想を得た名句です。

一転し、川柳では、鮭のある庶民の暮らしぶりや笑いのある日常が描かれました。

「こっちから やった塩引き だと笑い」(柳多留三九)

お歳暮に贈った鮭が使い回されたあげくに、再び自分のところに戻ってきたおかしさが伝わってきます。

「塩引の 切り残されて 長閑なり」(柳多留一の八)

軒に吊るされた塩引き鮭も、さんざん食べ尽くされて、残骸のようになる平穏な正月の様が目に浮かびます。

鮭ミュージアム

標津サーモン科学館
<small>しべつ</small>

知床半島の付け根に位置する標津町は、日本有数の鮭の産地。標津ならではの地の利を活かし、18種30種類以上のサケ科魚類を展示する日本一のサケ水族館です。鮭の生態のみならず、北海道における人と鮭の歴史を紐解くことができ、秋には館内「魚道水槽」で遡上（9～10月）・産卵（11月）を見ることもできます。

● 北海道標津郡標津町北1条西6丁目1-1-1
標津サーモンパーク内
TEL 0153-82-1141
http://s-salmon.com

村上イヨボヤ会館

「イヨボヤ」とは土地の方言で鮭のことで、鮭の生態や村上の鮭文化を伝える鮭博物館です。孵化事業に貢献した藩士青砥武平治の偉業を語り伝える歴史展示のほか、秋には村上の伝統的鮭料理「塩引き鮭」の製法を体験できる道場を開催。村上独特の鮭料理の展示も圧巻で、捨てるところのない魚として大切に食する産地の心意気が伝わります。

● 新潟県村上市塩町13-34
TEL 0254-52-7117
https://www.iyoboya.jp

函館市北洋資料館

江戸時代、函館に樺太への出航地として奉行所が置かれて以来、100年余にわたり函館は北洋漁業の基地として栄えました。かつての北洋漁業の繁栄の歴史を今に伝える資料館。北洋の荒波を越える独航船の揺れを体験できる航海体験室も出色。

● 北海道函館市五稜郭町37-8
TEL 0138-55-3455
http://www.zaidan-hakodate.com/gjh/hokuyo/

サーモンミュージアム

日本の漁業史に金字塔を打ち立てた日魯漁業（現マルハニチロ）が、叡智を結集して構築したバーチャル鮭博物館です。コンテンツは生態、歴史、文化、栄養、グルメ、環境、食育、図鑑、輸出入データと、鮭鱒のすべてを網羅する勢い。子どもが見てもおもしろく、業界関係者にも役立つ重層的な内容です。

https://www.maruha-nichiro.co.jp/salmon/

おわりに

国連が提唱するSDGs（エス・ディー・ジーズ：Sustainable Development Goals:持続可能な開発目標）には、17の目標が掲げられており、そのひとつが「海洋と海洋資源を保全し、持続可能な形で利用する」となっています。
私が魚河岸で働き始めた頃、当たり前にあふれていた天然鮭を享受し続けることは、近い将来困難になるでしょう。海面養殖にも限界があり、陸上養殖をめぐる試行錯誤が始められています。世界の胃袋を満たすため、鮭に関わる多方面の人々の挑戦は続いています。

鮭の商いをかれこれ30年続けております。お客様から「おいしかったわ」と言われることが何よりも嬉しく、仕入れの方々からは「リピーターがついたよ」との答えならまず安心。「イマイチの人気で……」というリアクションには背筋が凍る思いです。
だから、鮭という、わりとしょっちゅうみなさんの目の前に出てくる魚を、飽きずにまた食べたいと思っていただき、フードロスを出さないことが大事だと思っています。そのために、鮭それぞれの特性を最大限に引き出す調理方法を、日々考えております。
そして、鮭を食べる人、鮭を料理する人、鮭の販売に携わる人に、鮭という生き物であり食べ物である魚について知っていただきたいと思い、本書を著しました。

ともに歩み、多くを教えてくれる鮭たちに、感謝を込めて。

2021年3月

佐藤友美子

参考文献

『サケマス・イワナのわかる本改訂新版』井田齊＋奥山文弥(山と渓谷社)2017年

『日本のサケーその文化誌と漁』市川健夫(NHK出版)1977年

『サケ学大全』帰山雅秀・永田光博・中川大介(北海道大学出版会)2013年

『鮭・鱒の民俗』日本民俗文化資料集成(三一書房)1996年

『聞き書 北海道の食事(日本の食生活全集)』「日本の食生活全集 北海道」編集委員会(農山漁村文化協会)1986年

『伝承写真館 日本の食文化①北海道・東北1』農文協編(農山漁村文化協会)2006年

『鮭鱒聚苑』松下高・高山謙治(水産社)1942年

『干もの塩もの一魚屋の書いた魚の本』石黒正吉(毎日新聞社)1975年

『さかな一代』安倍小次郎(魚市場銀鱗会)1969年

『日魯漁業経営史』日魯漁業株式会社編(水産社)1971年

『北越雪譜』鈴木牧之編撰・岡田武松校訂(岩波書店)1936年

『さけのごっつお 越後村上の鮭料理』(イヨボヤ会館)1988年

『鮭サラーその生と死』H.ウィリアムスン(至誠堂)1981年

『フィッシュ・オン』開高健(新潮社)1974年

『サケをつくる人びと 水産増殖と資源再生』福永真弓(東京大学出版会)2019年

『みなと新聞』(みなと山口合同新聞社)

撮影協力
築地：うりきり屋・藤本商店・三栄商会

佐藤友美子

20代の頃、たまたま鮭を買った築地の鮭専門店に拾われ小僧として働き始める。その後、切り身職人として修行を積み、30年を経て店を引き継ぎ店主となる。その間、築地魚河岸の歴史に惹かれて聞き書き『築地——鮭屋の小僧が見たこと聞いたこと』（いそっぷ社　2018年）を著す。鮭店の経営者となってからは、鮭を追いかけ古今東西、鮭を訪ね、鮭を捌き、鮭に学び、鮭を語り、鮭を料理し、鮭を食べる。七転び八起きを続ける「小さな鮭屋」から見た昭和〜平成〜令和の「鮭」を本書に著す。

撮影　　　　　　　　髙杉 純
デザイン・装丁　　　那須彩子（苺デザイン）
編集　　　　　　　　土田由佳
調理アシスタント　　西塚江美

鮭の種類・特徴と切り方、焼き方、料理への展開

鮭とごはんの組み立て方

2021年5月31日　発 行　　　　　　　　NDC596

著 者　　佐藤友美子
発行者　　小川雄一
発行所　　株式会社 誠文堂新光社
　　　　　〒113-0033　東京都文京区本郷3-3-11
　　　　　（編集）電話03-5800-3621
　　　　　（販売）電話03-5800-5780
　　　　　https://www.seibundo-shinkosha.net/
印刷・製本　図書印刷 株式会社

ISBN978-4-416-52089-5